Testament…

suivi de

Dieu merci

DU MÊME AUTEUR
CHEZ LE MÊME ÉDITEUR

Inédits. Textes de combat, écrits intimes, correspondances, Bayard, 2012.

Abbé Pierre

Testament...

suivi de

Dieu merci

bayard

Premières éditions
Testament... : Bayard Éditions/Centurion, 1994.
Dieu merci : Bayard Éditions/Centurion, 1995.
Sous la direction éditoriale de Danièle Guilbert.

18, rue Barbès, 92128 Montrouge Cedex
ISBN : 978-2-227-48493-1

« Osons d'abord entendre le désespoir de tous ceux – plus des deux tiers de la population mondiale – qui ont faim, qui n'ont pas de travail, pas de logis, pas d'école. Pire, ils savent aujourd'hui comment vivent les autres, c'est-à-dire nous. »

À l'occasion du centenaire de la naissance de l'Abbé Pierre (5 août 2012), nous avons pensé avec les compagnons d'Emmaüs qu'il était utile et nécessaire de proposer une nouvelle édition de poche de ses deux grands livres : *Testament...* paru en 1994, et *Dieu merci* en 1995. Leur immense succès à parution témoignait de l'importance de la personnalité et de l'action de l'Abbé Pierre dans la société française, plus de quarante ans après son célèbre appel lancé au pays tout entier pour agir contre la misère. Sa parole était attendue. Bien avant Stéphane Hessel et ses émules, le fondateur d'Emmaüs a su écrire et faire partager son indignation brûlante : « Pour vaincre le malheur, osons ouvrir les yeux et le combattre. » Relisons attentivement ces deux livres. L'implacable constat d'une société toujours plus injuste, d'une pauvreté mondiale, d'un égoïsme et d'une indifférence suicidaires, s'applique malheureusement toujours mot pour mot à notre époque. L'appel à la mobilisation de tous lancé par cet homme d'exception n'a pas pris une ride. Ni la ferveur spirituelle d'un prêtre qui a su trouver les mots pour exprimer ses doutes, la part d'ombre et de souffrance qu'il faut apprendre à supporter, à traverser, pour accéder à la gratitude et à l'espérance d'un amour que l'Abbé Pierre a toujours tenu à mettre au service des plus démunis.

L'éditeur

Testament...

« Pour vaincre le malheur, osons ouvrir les yeux et combattre.

Le monde est malheureux. Ceux d'entre nous qui ne sont pas affamés, ni sans travail, ni sans logis, saurons-nous vivre ce que la détresse implacable, des autres, réclame de nous ?

Le monde est malheureux. Probablement plus que jamais.

Il l'est à l'échelle du monde entier car il y a l'aveugle refus de chefs d'États de mettre un frein à la pollution – dont s'enrichissent des chefs d'industrie – tandis qu'elle détraque irrémédiablement notre terre, comme le crient les inondations survenant à tour de rôle dans tous les continents. Et on nous dit que ce n'est qu'un début. Réagissons, il est encore temps !

Réagissons pour vaincre le malheur qui se répand avec les écarts scandaleux entre ce que l'on gagne dans les pays pauvres et dans les pays riches, provoquant l'irrésistible émigration de ceux qui ont pu acquérir une compétence universitaire.

Et encore le malheur ! Avec l'immigration toujours croissante de ceux qui ne veulent pas désespérer. Et ce n'est qu'un début. Peut-on prévoir ce que cela sera bientôt si on est attentif à l'éveil d'un milliard et demi de Chinois et un milliard d'Indiens ? Quant au malheur français, on le voit dans la manière de vivre de ces 200 000 familles ruinées chaque année et privées de tout, par la faillite qui frappe chaque année 200 000 entreprises, abattant un million de personnes. Voudrait-on que l'État réduise les budgets de l'éducation, de la santé ou quels autres ? Nous ne saurions nous arracher de nos malheurs par quelques grands travaux comme le firent les dictatures. Réagissons, il est encore temps ! C'est la guerre !

Car qui accepterait de voir annuler ses allocations de survie, alors qu'en France plus de trois millions de personnes sont indignement mal logées ? Nous savons tous que la France, comme l'Allemagne, parmi d'autres nations européennes, passe par un temps de restrictions de ses moyens. Un à un tous les budgets sont rognés.

Refusons à tous ceux qui décident, élus et ministre du logement, le droit de diminuer le budget logement. Deux millions de Français sont encore mal logés ou dans des gîtes inhumains surpeuplés. Cinquante mille sans-logis grelottent dans le froid, ou meurent écrasés de chaleur dans les canicules. Cette réalité ne peut que pousser la jeunesse au désespoir ou à la délinquance.

Nous qui sommes logés, que serions-nous si, dans notre enfance, nous avions dû grandir dans cette détresse ? Où en serait notre santé ? Qu'aurait été notre scolarité ?

Oui, il faut le crier : Assez d'indifférence ou d'aveuglement ! Agissons tous, où que nous soyons, pour interdire que soit encore, cette année, réduite la construction de logements et sauvons par priorité les logements sociaux à la portée des plus démunis.

Et n'oublions pas l'Éternel. La science est certes merveilleuse. Mais elle n'a pas réponse à tout. Dans son expérience intérieure, la personne humaine peut rencontrer la présence de l'Éternel. Dans son livre, *Le hasard et la nécessité*, Jacques Monod nous éclairait sur « le comment » de toute chose. Mais après ? Ou plutôt avant ? Je veux dire : sur « l'Être » de ce tout, le livre est aveugle ! Peut-on vraiment saisir l'Éternel à force de grossir la petitesse des atomes, comme les astronautes enfantins riant de ne l'avoir pas vu dans la démesure de l'espace ?

À vouloir écouter la musique avec les yeux ou respirer les couleurs ou entendre les parfums, on peut sincèrement enseigner que n'existent ni musique, ni couleur, ni parfum. Mais on se trompe ! Le microscope ne saisit pas l'Éternel ! Ni rien ne le saisit... Mais celui qui dit « non » à l'injustice... mais celui qui va, par « vrai amour », à rebours de tout profit pour que soit servi en premier le plus petit... dans la saveur inexprimable qui jaillit en lui, il sait bien que l'Éternel insaisissable le saisit et, minuscule étincelle de liberté, juste assez pour être capable d'aimer, il sait bien que, dans ce commencement d'amour, il est aimé par l'Aimable infini, dont tout en lui était autant signe, en creux, qu'impatientes faim et soif.

N'ayons pas peur. À l'heure de mourir, n'ayons pas peur ! Nous nous verrons en pleine lumière devant Notre Père avec les péchés de notre vie. Mais Notre Dame, la Vierge Marie, aux côtés de Jésus Notre Seigneur dira au Père : « Oui, il ou elle a été pécheur. Mais, Père, regarde comme il ou elle a vécu pour les pauvres avec les pauvres, pour leur redonner leur pain et leur dignité. » Alors Jésus dira : « Père, oui, celui-ci ou celle-là sont de mes amis. » Et notre Père dira : « Merci d'avoir aimé comme vraiment un de mes fils, pour rendre croyable que je suis Amour, malgré tout ce qui, dans la Nature et dans l'Histoire, semble le nier.

Entre dans la pleine Vie, et Paix, et Joie éternelle. »

Abbé PIERRE,
91 ans et plus pour pas loin de la rencontre j'espère !
À Gênes, au sanctuaire de Notre-Dame de la Garde,
le 12 décembre 2003[1].

1. Texte paru dans *La Croix* du 27 décembre 2003.

Dire ce que l'on sait

Me voici à quatre-vingt-un ans. Je vis depuis deux années dans cette chambre que les compagnons d'Emmaüs ont voulu peindre pour moi aux couleurs que j'aime : jaune et bleu. C'est prodigieux, la chance d'être ici, dans la maison des compagnons âgés et invalides : je peux y vivre en solitaire, presque en ermite, tout en étant au cœur de la communauté.

Ici, j'ai fait mon nid. Avec l'espoir qu'après tant d'autres à travers le monde, cette retraite sera la dernière sur terre. Oui, je suis bien ainsi, nidifié.

Sur la table de la chambre dont les fenêtres s'ouvrent sur les grands arbres d'une prairie cauchoise, il y a le dossier de mon testament. Parfois j'y glisse un petit papier… Entre le « vrai » testament et ce livre il n'y aura pas grande différence. Dans un testament on indique comment il faut partager ce qu'on laisse. Comme je ne laisse rien qui m'appartienne en propre, ce sera simple pour l'exécuteur testamentaire ! Dans mon testament il y a juste ce que la vie m'a provoqué à penser, ce que j'ai eu envie de dire à certains moments.

La première fois que j'ai eu l'idée de faire un testament, c'était pendant mon noviciat. Déjà, à ce moment-là, m'habitait la pensée de mourir. J'avais vingt ans. Ce testament a été perdu, vingt-six ans plus tard, au cours de l'une des périodes les plus noires de ma vie dont le simple souvenir me fait encore mal. J'étais à la veille d'une opération, à bout de surmenage et d'épuisement. Le texte qui formait la partie la plus importante du dossier a été rédigé en décembre 1957 et commençait ainsi : « Depuis quarante ans que j'espère mourir… » L'autre texte important a été fait au cours de la semaine qui a précédé mon départ pour l'Amérique latine en 1963. J'écrivais : « Je porte en moi la conviction que c'est là que Dieu me prendra… » Et le bateau qui me transportait de Montevideo à Buenos Aires a fait naufrage !

Enfin j'ai pris l'habitude de glisser dans le dossier des petits papiers, et je continue à le faire. Le plus récent, c'est celui que j'ai écrit une nuit où j'avais la fièvre, au Sahara, à 2 800 mètres d'altitude. Ces petits papiers, je les ai intitulés « Confidences ». Je les ai ajoutés un à un les jours où je me sentais mal, après une réunion difficile, un travail épuisant. Je les laissais sur la table… « Si demain j'étais mort. » Souvent, j'écris simplement : « Seigneur, viens ! » Car ce sont les moments où j'ai l'espérance que cette fois, ça y est, que cette fois, enfin ! je vais quitter les ombres du temps…

En vieillissant, peu à peu, on prend conscience d'un devoir. D'abord on résiste, parce que cela semble présomptueux… et puis revient avec insistance, au-dedans de soi, une voix qui dit : « Avant de nous quitter, dis-nous ce que tu sais. »

Si aujourd'hui je ne me soumettais pas à cet appel, j'aurais le sentiment d'enterrer le talent d'une existence. Non pas les mérites de ma personne, bien sûr, mais ce que les circonstances de la vie dans laquelle j'ai été trimballé m'ont fait comprendre, souvent après bien des résistances.

Dire ce que l'on sait… On s'aperçoit, quand on veut essayer, que cela se ramène à un très petit nombre de certitudes.

Pour moi, il y en a trois : l'Éternel est Amour *quand même*, nous sommes aimés *quand même*, et nous sommes libres *quand même*. Ah ! si je réussissais à communiquer ces trois certitudes !

Ce que je sais n'est pas toujours dicible. Par moi d'abord. À plus forte raison, par d'autres. Ce qui est dit par d'autres est l'écho – qui a aussi sa valeur – non pas de ce que j'ai dit, mais de l'effet que mes paroles ont produit sur eux.

Cet appel ne tarde pas à se faire obligation. Cette contrainte, elle est du domaine apostolique et elle est affective. Je l'ai ressentie pour la première fois à travers la demande que m'ont adressée mes cent vingt-trois neveux et nièces : ils voulaient que je réponde à leurs questions à l'occasion du cinquantième anniversaire de mon ordination de prêtre qui devait tous nous réunir pour la Pentecôte en 1988. Quelque temps auparavant, j'avais reçu la liste de leurs questions, bien rédigées, classées… Il y en avait quatre-vingt-quatre. Les amis à qui je les ai montrées n'ont cessé de me dire : « Il faut y répondre, ce sont les questions que se posent aujourd'hui tous les gens de bonne volonté ! » C'est sans doute vrai, car parmi mes neveux et nièces il y a de tout : des gardiens de nuit, des PDG, des mères et des pères de famille qui approchent de la cinquantaine, des adolescents qui, d'ailleurs, ont posé, incognito, les questions les plus pertinentes, révélant des interrogations que leurs parents sont loin de soupçonner.

J'ai donc consenti à répondre à ces questions ; j'en ai pris le risque, sachant que parfois elles étaient indiscrètes, touchant au fond des choses, à l'intime. Je commençais aussi à être plus ou moins conscient qu'il me fallait dire les choses autrement que lorsque je m'exprime en public. Et je me suis rendu compte que chacune des réponses s'adressait à toutes les filles et à tous les garçons, à toutes les mamans et à tous les papas, à tous ceux qui travaillent, qui étudient, qui se trouvent au chômage, etc. Je me suis rendu compte aussi qu'on dit peu, trop peu, eu égard à l'immense soif de comprendre qui, plus que jamais, traverse l'humanité tout entière.

Car on m'interroge beaucoup. Davantage qu'il y a trente ou vingt ans. Depuis deux ans que je vis dans la « solitude » de cette maison de retraite, on a compté, parmi mes visiteurs inattendus, huit ministres, dont un m'a demandé d'être son second sur sa liste des élections européennes.

Cela s'explique : il y a trente ans, l'économie était en croissance continue ; c'était le paradis ! Tout marchait, tout le monde avait un travail, on n'avait pas à se casser la tête pour chercher des buts... Et puis voilà qu'après le plein emploi, il y a eu les grandes crises du pétrole, le chômage. Bref, aujourd'hui, on est coincé. Les situations désastreuses se multiplient, dont beaucoup sont sans espérance. Bien sûr, dans les débuts d'Emmaüs, on me posait des questions : elles jaillissaient de la vie, et dans le mouvement de la vie les réponses venaient. Mais je n'ai pas entendu alors l'interrogation qui revient sans cesse aujourd'hui, même si elle n'est pas toujours clairement formulée : celle du sens de la vie.

Je me suis évidemment demandé pourquoi elles venaient à moi, ces questions. C'est peut-être parce que, au long des années, au fil de mes colères, tout le monde a pris conscience que l'on se débattait tous dans le même fleuve. Surtout, je crois que, au-delà de ce que je suis – défauts et qualités, passion et raison –, il reste que j'ai été l'instrument d'une succession de circonstances exceptionnelles qui, mises bout à bout, ressemblent à une bande dessinée : jeunesse turbulente d'un bourgeois – entrée au couvent – sept ans de vie cloîtrée chez les capucins – la maladie – la guerre – le prêtre résistant et décoré – le parlement – le curé-député qui accueille dans sa maison un forçat-assassin – et qui, avec lui, commence à bâtir pour les sans-abri… Je n'y étais pas pour grand-chose, si ce n'est que je ne me suis pas dérobé ; j'ai consenti à des situations devant lesquelles soit on fiche le camp (on ferme les yeux, on n'a rien vu), soit on a l'imprudence d'y mettre le petit doigt, et alors on n'en sort plus ! Le Bon Dieu a joué son jeu ; moi, j'ai accepté de jouer le mien. Parfois bien. Parfois mal. Avec des joies et avec des larmes.

À dix-neuf ans, j'écrivais dans le journal que j'ai tenu jusqu'à mon entrée chez les capucins : « Dieu m'a donné pour mère une vaillante, pour père un généreux. N'était-ce pas m'obliger à être un héros ? Cette vaillante et ce généreux, Dieu m'a donné en plus qu'ils soient chrétiens vrais. N'était-ce pas me vouloir un saint ? » Cinquante ans plus tard, quand on me demandait : « Dans quel esprit cela fait-il vivre d'avoir été le fondateur d'Emmaüs ? », je répondais : « Cela fait vivre dans un état… d'humiliation. Chaque jour, je ressens la blessure humiliante de ce que je n'ai pas pu faire pour ceux auxquels on ne peut pas dire notre mot de joie : "Entre, on t'attendait." »

Dans ce que j'espère exprimer ici reviendront des phrases qui sont comme des slogans : « Servir premier le plus souffrant », « La joie dans le partage », etc. Ces notions fondamentales sont les points d'appui de tout un édifice. Un édifice non pas de pensées au sens intellectuel du mot, mais fabriqué, dans mon cas, par la vie devenant idées. À travers ces propos, vous retrouverez des choses que j'ai dites publiquement, et parfois même la manière, le ton sur lequel je les ai prononcées. Je prétends souvent que les idées claires me viennent en parlant, en agissant. Chez moi, ce ne sont pas les idées qui suscitent l'action. Les actions s'accumulent : une, puis deux, puis cinq, et il arrive un moment où ça devient une idée, une pensée claire.

C'est de cela qu'est fait « ce que je sais » et ce qui, presque à mon insu, s'est réalisé, aboutissant à faire naître le « mythe Abbé Pierre ».

Ne nous trompons pas de colère

Depuis quelque temps, il m'arrive d'éprouver le sentiment que je ne m'appartiens plus. J'ai la sensation d'être un objet que l'on place là – « Tiens, ici ça fera bien » –, comme on met le couvert sur une table. On utilise même ma photo pour des couvertures de livre sans me demander mon avis ! Bon. Admettons que je fasse partie du paysage. Mais que l'on n'attende pas de moi que je reste tranquille ! Si tu souffres, j'ai mal. Alors, il y a des moments où ça crie en moi, parce que le mal des autres, véritablement, devient le mien. Si bien que lorsque j'interviens, je ne me pose pas de questions. Rien, jamais, n'a été pour moi l'aboutissement d'un calcul. Je ne choisis pas. Ou je la boucle, ou ça sort. Sans ménagement.

Un jour, je me retrouve sur un banc à côté de Mgr Gaillot, pour manger un sandwich. C'était pendant la fête des cinquante ans de la JOC. Il se penche vers moi :

« Expliquez-moi un mystère… Moi, dès que je dis un mot, on me tape dessus. Vous, vous en dites dix fois plus, et ça passe très bien !

– Premièrement, c'est que je ne suis pas évêque. Deuxièmement, je crois que le Bon Dieu m'a donné une espèce d'instinct de l'insolence mesurée. Je sens jusqu'à quel point je peux gueuler. Au-delà, je me ferais plaisir, mais ça ne serait pas efficace parce que ceux à qui je m'adresse ne sont pas prêts à en entendre plus. »

Qu'on ne me demande pas d'être prudent ou de mûrement réfléchir avant de prendre une décision. Qu'on ne me demande pas non plus d'être sage, comme on dit à un enfant : « Sois sage. Ne bouge plus. » Ce n'est pas la peine. Je n'aurai jamais cette sagesse-là. C'est ainsi, je suis bâti comme cela.

L'irascible est une des vertus de l'homme. Sans doute parce que ça simplifie les choses, on apprend généralement aux enfants que la colère est un vice. Mais alors, Jésus était vicieux, lui qui a renversé les tables des marchands du Temple ! L'irascible en vérité est une virtualité, tout comme la sympathie ou l'intelligence. Et ce qui la fera vice ou vertu, c'est l'objet auquel on l'applique. Voyez par exemple comment la colère peut révéler ce que nous aimons : si je me mets en colère parce que j'ai perdu au jeu, ça montre que ce que j'aime, c'est moi ; si je me mets en colère pour protéger l'autre, pour le délivrer, cette colère-là révèle mon amour pour l'autre.

C'est difficile, cette notion-là… Mes neveux m'ont demandé un jour : « As-tu connu la haine ? » Non. Il est vrai que je n'ai pas eu à combattre les armes à la main, je n'ai jamais été dans la situation d'avoir à tuer quelqu'un. Mais, par exemple, quand j'ai été arrêté, en 1944, à Cambo-les-Bains, je n'ai éprouvé aucun sentiment de haine pour l'Allemand qui me disait : *« Komm, komm, Gestapo ! »*, alors qu'il m'entraînait hors de la ville. À ce moment-là, je le confesse, je n'ai vraiment eu qu'une pensée : « Ouf ! ma tâche est finie ! »

J'ai de la haine pour les actes mauvais des hommes, mais je ne peux pas avoir de la haine pour les personnes. Ce que je ressens plutôt, c'est de l'accablement : « Comment est-ce, Dieu, possible ? »

Je pense que, dans l'histoire de l'humanité, les guerres viennent en partie de ce qu'on n'a pas su montrer à l'homme les vrais buts sur lesquels mobiliser cette énergie irascible qui est en lui. Quand on est raciste, par exemple, on se trompe de colère, on utilise les forces irascibles contre celui qui est différent de soi. On en a peur, on le soupçonne d'être porteur de tous les malheurs, on se prend de haine pour lui…

Quand on s'indigne, il convient de se demander si on est digne. Digne par exemple de venir en aide à ceux qui souffrent. C'est mon père qui me l'a fait comprendre à travers une phrase extraordinaire de saint Vincent de Paul. Je l'entends encore me dire : « Comme c'est difficile d'être digne de servir ceux qui souffrent tant. » Ce dimanche-là, il nous avait emmenés, mon frère Léon et moi, dans une salle où, chaque semaine, avec un groupe d'amis, bourgeois lyonnais comme lui, il se retrouvait au milieu des mendiants : il leur coupait les cheveux, chassait la vermine, leur servait à manger… L'indignation pourrait avoir beau jeu de nous donner bonne conscience. Pourtant, elle ne dispense pas de l'action.

Pour ma part, je sais que je ne m'indigne pas de la même façon qu'un militant, même si c'est un militant d'Emmaüs. L'indignation naît dans la cave, au plus profond de moi-même. Alors, je ne songe pas à comparer, ni à me dire : « Et les autres ? Ils s'en foutent, eux ! » La seule chose qui compte à ce moment-là, c'est ceux qui sont des victimes et qu'on laisse crever. C'est là que la colère éclate. Plus tard viendra la colère de voir que l'indignation n'est pas universelle… Plus tard viendra la conscience que l'État, la République, les Nations unies ne font pas leur boulot ! À propos de l'aide aux pays du tiers monde, il y en a qui disent : « Pourquoi vous en faites tant pour ceux qui sont loin, alors que ne manquent pas les misères chez nous ? » Si l'on y regarde de près, on voit que ceux qui tiennent ces propos sont ceux qui en font le moins pour les malheureux à côté d'eux !

Cette façon que j'ai de m'indigner montre que je suis passionné. Mais il faut être passionné pour réussir sa vie ! Sans doute n'oserais-je pas dire que j'ai réussi la mienne, mais je reconnais qu'il est vraiment bon par moments de savoir qu'un effort, une action ont été contagieux, que d'autres se sont engagés, que de belles réalisations ont pu naître. Quand je dis cela, une image me vient immédiatement à l'esprit : celle de l'âne portant les reliques… Je n'ai jamais cru que l'encens qu'on répand sur les reliques soit destiné au bourricot !

C’est difficile d’être un homme

Récemment on m’a demandé : « Est-ce que c’est difficile d’être un homme ? » Je n’ai pas répondu tout de suite. Des questions de ce genre me rappellent que j’ai pris le risque, en les autorisant, d’être touché dans mon intimité. Elles me rappellent aussi que « ce que je sais » inclut la part d’irréductibles mystères – je parlerai plus loin de celui de la foi – et la part d’ombre que chacun, plus ou moins consciemment, conserve au-dedans de lui.

Cette question, je l’ai considérée de plusieurs manières : d’une part, il y a la difficulté d’être humain, que l’on soit femme ou homme ; d’autre part, il y a l’aspect particulier qui est d’être « homme » au masculin. Oui, c’est difficile d’être humain bon, parce que l’énigme du mal existe. Nous portons en nous ces deux pôles qui exercent chacun leurs attraits : celui du bon et celui du mal. Tantôt c’est l’un, tantôt c’est l’autre qui semble le plus fort. Comment résister au mal ? Pour moi, tout au long du chemin de ma vie, le soutien a été, est, l’Adoration, la prière sous toutes ses formes. Pour lutter contre le mal, l’Adoration est le remède absolu.

De même que, l'expérience nous le prouve, quand on a la foi, le sacrement de l'Eucharistie qui comporte en lui-même le pardon donne la force qui aide. Avec la prière d'Adoration, ce sont, à condition qu'on en ait le don, les deux points d'appui très forts pour être humain.

J'en viens à la question d'« être un homme ». J'ai lu, il n'y a pas longtemps, cette phrase d'un psychologue dont j'ai malheureusement oublié le nom : « Il est plus facile d'être une femme adulte qu'un homme adulte. » Il expliquait que la femme éprouvait moins de difficulté à s'affirmer, pour des raisons qui tiennent à son corps, fait pour porter la vie. Alors que devenir viril pour l'adolescent ne va pas de soi ! Je le conçois, moi qui ai eu pourtant cet exceptionnel privilège de n'être jamais entré dans l'âge adulte. Cette période où un homme en termine avec l'adolescence, je l'ai vécue – de dix-neuf à vingt-six ans – complètement cloîtré. Et quand les événements m'ont obligé à quitter le couvent, c'est un adulte resté gosse qui en est sorti ! Trois mois après, j'étais mobilisé et je me retrouvais pris dans la guerre. Mais j'ai été très vite évacué d'Alsace à cause d'une pleurésie et je n'ai donc pas vécu les moments déchirants de la déroute. J'étais à l'hôpital de Narbonne quand j'ai appris par un haut-parleur la nouvelle de la capitulation. Ensuite, d'une manière toute simple, la Résistance s'est présentée à moi, inévitable. Puis tout s'est enchaîné. Je n'ai pas eu à prendre des décisions d'homme, je n'ai pas eu à me définir, comme un homme est obligé de le faire.

Les psychologues disent : il y a chez tous les êtres humains une bisexualité. Or, on exige de l'homme qu'il se dégage de tout ce qu'il peut y avoir de féminin en lui. Par ailleurs, il me semble que pour un homme il est d'autant plus difficile de se définir que la condition féminine, elle, a complètement changé. L'homme n'est plus celui qui commande à tout ; il est obligé de dialoguer. C'est quand même plus facile d'être l'adjudant – tout le monde en rang ! – que de vivre dans la concertation permanente…

La part féminine en moi, je l'ai fortement ressentie, ce qui ne signifie nullement une quelconque attirance pour les relations homosexuelles. Ainsi, j'ai toujours vécu l'action avec une grande spontanéité. C'est probablement assez féminin, et je n'en suis pas du tout fâché. Je n'en ai jamais fait l'analyse, mais je crois qu'accepter cette part féminine qui est en moi m'aide à mieux percevoir ce qui se passe entre les hommes et les femmes. C'est peut-être pour cela aussi que j'ai le sentiment de mieux comprendre l'homosexualité des femmes que l'homosexualité des hommes : nos premières tendresses, celles que l'on reçoit de la mère, ne sont-elles pas celles d'une femme ?

Je connais des homosexuels et j'essaie de leur offrir de l'amitié. Je sais à quel point certains ont été rejetés, humiliés. Cette exclusion, cette malédiction en a conduit certains à devenir provocateurs. C'est dommage, parce qu'ils accroissent ainsi la souffrance de leur vie. Je me suis beaucoup intéressé à ce que le nouveau *Catéchisme de l'Église catholique* dit à leur propos. Il leur consacre trois paragraphes qui commencent ainsi : « Une quantité non négligeable… » Cette formule m'a fait sauter au plafond : à partir de quel nombre des hommes deviennent-ils quantité non négligeable ? La suite montre cependant un effort de compréhension pour ceux que l'on considérait avant comme vicieux : « … d'hommes et de femmes présentent des tendances homosexuelles foncières. Ils ne choisissent pas leur condition », ça, c'est nouveau, plus humain. Continuons : « Elle constitue pour la plupart d'entre eux une épreuve. Ils doivent être accueillis avec respect, avec compassion… (si j'avais eu mon mot à dire, j'aurais laissé tomber “compassion” dont la signification est belle – souffrir avec – mais qui peut sembler condescendant)… avec respect et délicatesse. » Bravo ! « On évitera à leur égard toute marque de discrimination injuste, car ces personnes sont appelées à réaliser la volonté de Dieu… » C'est bien.

Ces réflexions se sont enchaînées parce qu'on m'a demandé s'il était difficile d'être homme. Je pense qu'il est tout aussi difficile de vivre en couple. J'aimerais bien savoir à ce propos s'il vaut mieux être dans le rôle de Madame ou de Monsieur. Je crois que, l'un comme l'autre, ils diraient : « C'est chacun son tour ! »

C'est d'autant moins facile de former un couple que, je le disais plus haut, la condition de la femme a profondément changé. La femme, parce qu'elle a quelques kilos de muscles en moins, a vécu depuis l'origine sous la protection du mâle. Le jour où Madame a eu la possibilité d'aller en voiture là où elle avait envie d'aller et, s'il le fallait, de menacer le costaud qui l'agressait avec une arme maniable, elle est devenue davantage maîtresse de son destin. Avec l'avènement de la planification des naissances, on peut parler d'un complet retournement.

Malheureusement, au sein de l'Église, la place de la femme est trop souvent celle de la « bonne du curé ». Ce n'est pas normal ! Où est-il dit dans l'Évangile que le sacrement de l'ordre devait être réservé à l'homme ? Il y est écrit que les douze apôtres étaient là le jeudi saint. On ne précise pas si Marie était là ; rien ne dit qu'elle n'y était pas ! Et l'Église, à l'époque, était forcément captive des mœurs de la société de son temps.

Sans être expert, je pense que, théologiquement, il n'y a pas d'arguments contre l'accès des femmes au sacrement de l'ordre, si ce n'est ceux, de convenance, qui reflètent les modes de pensée dans lesquels ont été éduqués nos prélats.

La femme dans l'Église est doublement exclue, car elle l'est aussi par la règle du célibat sacerdotal. Or, le célibat des prêtres, chez les catholiques de rite romain, n'a pas été décidé par la hiérarchie. Ce fut, au Moyen Âge, l'expression d'un désir populaire, les fidèles souhaitant que leurs prêtres soient choisis parmi les moines. Je suis presque certain qu'après le pontificat de Jean-Paul II on acceptera d'autres initiatives dans l'esprit du concile Vatican II. Le concile devait être un *aggiornamento*, une mise à jour. De ce point de vue, c'est raté. Ça a plutôt été un ajournement.

À cause de cela, je ressens l'Église comme mutilée, étant en bien des points d'accord avec le livre de Virginia Mollenkott, *Dieu au féminin*[1].

1. Centurion, 1990.

J'espère, pour en revenir à notre société, que les femmes ne vont pas jouer à l'homme, oubliant ce qui fait leur spécificité, caractérisée par des dons naturels que l'homme n'a pas. Elles y perdraient le meilleur d'elles-mêmes. Et l'homme aussi. Parmi ces dons, il y a la maternité. Neuf mois durant, la femme sent la vie peser en elle. Elle connaît alors une expérience vitale que l'homme ne vivra jamais. Par les cycles qui rythment la vie de son corps, la femme est liée à l'universel, à l'universel vivant ; elle vit en union mystérieuse avec la pulsation de l'univers. Je pense qu'il y a là une richesse de l'humanité, quelque chose comme du sacré.

Le sacré

On pourrait penser que le lien de l'humanité avec le mouvement des astres, avec la pulsion de l'univers, a perdu de son mystère. Le mot « cosmos » est devenu d'usage courant, alors que dans ma jeunesse il n'était guère utilisé que par les chercheurs – les scientifiques, les philosophes. Pour les enfants, l'incommensurable fait désormais partie de leur univers mental, et ce dès leur premier âge.

On sait aujourd'hui tellement de choses sur le cosmos, sur le vivant… Pourtant, j'ai entendu récemment un savant dire : « Plus j'avance en science, moins je suis sûr de la matière, plus je suis sûr de l'esprit. Je cherche, et la matière m'échappe… » Plus on approfondit les théories – la théorie des ondulations de Broglie, les quanta –, plus les interrogations s'élargissent. Excepté le bêta plein de suffisance parce que plein d'ignorance, l'homme désormais n'attend plus de la science qu'elle lui dise tout. Notre orgueil a été battu en brèche et, grâce à cela, nous redécouvrons l'Inconnu. Peut-être serons-nous enfin capables de reconnaître que nous ne sommes pas les maîtres !

De même que l'homme primitif savait réserver à l'Inconnu sa part, peut-être saurons-nous admettre qu'il faut bien qu'on en prenne un peu en nourriture, mais que ce n'est pas à nous ! C'est sacré. Sacré, cela veut dire séparé, à part et, en définitive, à un autre : on n'y touche pas. Cette image est très belle. Nous, les humains, nous sommes sacrés en ce sens que nous ne nous appartenons pas. Les croyants vont même plus loin : pour eux, pour moi, nous appartenons à l'Éternel.

Il y a dans l'histoire de l'homme un moment qui me bouleverse. C'est celui où les humains ont aligné leurs morts pour les enterrer. On n'a jamais vu les chiens aligner les dépouilles des chiens. Les animaux se cachent pour mourir… À partir du moment où les restes des défunts ne sont plus laissés là, mais soigneusement rangés, un nouvel âge commence : celui de l'humanité.

Par ailleurs, mais je n'ai pas approfondi cette réflexion, je crois que, un peu partout dans le monde, dès qu'apparaissent des traces réellement humaines, apparaissent aussi des traces de sacrifices qui révèlent l'importance du sang. Au temps où Jésus vivait, le Temple était un gigantesque abattoir où gueulaient les agneaux et les bœufs, ça puait la crotte et le sang à tel point qu'il fallait faire couler de véritables rivières autour de l'enceinte. L'Eucharistie, c'est, soudain, la fin du sang versé et le sacrifice offert à partir de ce qui est le plus élémentaire, le pain et le vin. C'est par ces aliments très ordinaires que Dieu, avec tout son amour, se donne aux hommes, les invitant eux aussi à se donner les uns aux autres et à renoncer à verser le sang dans leurs querelles. N'oublions pas que le mot « Eucharistie » veut dire « merci ». C'est l'expression d'une gratitude envers la source de vie.

Imaginons un instant un petit d'homme placé dans une bulle où il ne subirait aucune influence, profane ou sacrée. Je suis convaincu qu'il porterait quand même en lui du sacré.

Une fois sorti de la bulle, il sera attiré vers le profane, la pseudo-satisfaction, la suffisance. Mais dans la rumeur du temps, voilà qu'une Mère Teresa, et cent mille autres, inconnus mais magnifiques, « provoquent » par ce qu'ils sont, par ce qu'ils font. Et par là, le sacré refait brutalement surface. Alors on verra sur les lèvres du petit d'homme qui sortait tout neuf de sa bulle un sourire narquois pour tout ce qui appelle à la profanation. Car la profanation est destructrice de sens. C'est une poussée vers le néant. Sans le sacré, la réalité perd l'équilibre. Avec l'occultation du sacré monte le risque de la barbarie.

La barbarie menace l'humanité. Elle est en elle. Nous l'avons vue à l'œuvre avec l'holocauste. Le crime contre l'humanité, le crime absolu, provoque l'effroi – parce que du sacré a été touché. Il serait lâche – et dangereux – de vouloir échapper à l'effroi en oubliant. Oublier, c'est tricher. Tricher avec l'histoire, tricher avec soi-même.

L'holocauste rend plus aiguë que jamais l'obligation de s'efforcer d'être humain, humanisé dans ses actes et dans ses pensées. On pourrait être atterré par l'ampleur de la tâche, car, où que l'on tourne son regard, on ne voit que des atrocités. Et on ne sait pas quoi faire.

L'homme d'aujourd'hui est colossal par l'énormité des responsabilités qui pèsent sur lui, et minuscule devant l'immensité des tâches qui de toutes parts l'appellent. Mais on ne peut pas, sous prétexte qu'il nous est impossible de tout faire en un jour, ne rien faire du tout ! Gardons au cœur l'impatience de faire. Et l'indignation dans l'action.

Condamnés à tout savoir

Nous entrons dans un âge totalement nouveau où l'humanité entière est condamnée à tout savoir.

Il suffit que j'ouvre la radio pour être submergé par les nouvelles du monde. En un instant, tout m'est jeté aux oreilles. Mais ce « tout » n'est pas tout. Les médias sont d'abord à l'affût du sensationnel, puis ils agissent comme des loupes. Parmi tous les événements du monde, le magazine ou le journal télévisé va choisir celui-ci ou celui-là et le grossir de telle manière que notre conscience en sera envahie. Ces effets de loupe peuvent conduire à de véritables trahisons. Récemment, après avoir répondu aux questions des journalistes à propos du malheur de ceux qui sont sans toit, je leur ai dit : « Traiter ces questions en une ou deux minutes, ce serait mépriser et les spectateurs et les sans-logis ! Si on ne me garantit pas le temps nécessaire pour parler de sujets aussi graves, je me tais. »

Nous ne pouvons nous contenter de consommer avec insouciance l'information, choisie sans nous, qui nous est ainsi distribuée. Trop nombreux sont les téléspectateurs qui ne regardent la télévision que pour se distraire de leurs soucis et de leurs devoirs… Ceux qui choisissent l'information avec soin savent que, malheureusement, leurs émissions sont diffusées après minuit ! Il est urgent qu'un travail soit fait, dès l'école, pour que le spectateur devienne adulte et responsable.

Car, plus que jamais, nous avons le devoir de savoir.

Ouvrons grands les yeux. Comme elle est détestable, cette étroitesse du regard que nous portons sur les problèmes quand ils ne sont pas les nôtres ! Quand dans le monde des hommes meurent encore de faim, quand en France des hommes meurent encore de froid, je crie à ceux qui nous gouvernent : « Vous êtes coupables de non-assistance à personnes en danger ! » Et nous, l'opinion publique, nous sommes complices.

Et nous le sommes encore lorsque nous regardons si tranquillement la télévision qui nous montre – c'était il n'y a pas si longtemps – assis à une même table des Américains, des Anglais, des Français avec… Pol Pot ! Et personne ne lui crachait à la figure ! On lui serrait la main, on lui faisait des courbettes… Comme si cet homme n'était pas coupable de crimes contre l'humanité ! Comme s'il ne devrait pas comparaître devant un nouveau tribunal de Nuremberg !

Tout cela se fait avec notre complicité, car nous n'entrons pas dans le combat pour les valeurs absolues. Il est vrai que souvent on ne prend conscience du caractère absolu de ces valeurs-là que lorsqu'elles sont violées. Témoin ce qui se passe en Thaïlande, devenue un bordel où l'on vient pour jouir d'enfants ! La situation était connue et l'on s'en accommodait jusqu'au moment où, sans que nous sachions ce qui a provoqué le déclic, la conscience universelle a exprimé avec force sa réprobation.

Avec la solution finale dont l'objectif était la disparition totale du peuple juif, ma génération a découvert le pire des outrages faits à l'humanité.

Un jour de 1943, un séminariste allemand a demandé à me voir. On s'est installé dans un recoin de la salle d'un grand café de la place Bellecour, à Lyon. Il a tiré de sa poche une enveloppe dans laquelle il y avait une dizaine de photos. Sur l'une d'elles, des hommes décharnés emportaient des cadavres vers un amoncellement d'autres cadavres. Je lui ai dit : « Il y a eu une épidémie ; il a fallu prendre des mesures d'urgence pour éviter la contagion ? » Et lui : « Non ! J'ai pris ces photos en cachette, en risquant ma peau. Ce sont des photos prises dans un camp où l'on extermine des Juifs. » J'ai regardé encore les photos. Et je ne l'ai pas cru. C'était impensable. Et pourtant, j'étais dans la Résistance ; pourtant je participais au sauvetage de Juifs…

Alors que j'étais dans les conditions pour le croire, je ne l'ai pas cru. La guerre finie, j'ai rarement parlé de ces photos, tant mon incrédulité passée me faisait honte.

Quand elle sait – et elle finit toujours par savoir – la société, fût-elle planétaire, doit utiliser tous les moyens pour que cesse la barbarie. Elle doit mettre en œuvre une justice qui énonce des sentences et inflige des sanctions.

Pourquoi, lorsque l'on a appris l'existence des camps de concentration dans l'ex-Yougoslavie, les puissances politiques mondiales n'ont-elles pas immédiatement fait parachuter des commandos pour les détruire ? Pourquoi n'adressent-elles pas ce message à ceux qui pointent les canons vers Sarajevo : « Nous connaissons vos positions. Si demain vous tirez, nous les anéantissons » ?

Pourquoi le tribunal de La Haye n'a-t-il pas les moyens de rendre la justice que réclament les peuples contre des Pol Pot et des Mobutu ?

Les sanctions que nous, les privilégiés, ne savons pas réclamer, ceux qui souffrent risquent de nous les imposer, brutalement. Car, condamnée elle aussi à tout savoir, l'humanité souffrante commence à souffrir de souffrir. Sachant qu'existent les moyens pour qu'elle ne souffre plus, elle ne tolérera pas indéfiniment de souffrir encore.

Désormais, les pauvres savent comment vivent les privilégiés, ne serait-ce que par les luxueuses revues que le voyageur, descendant d'avion, jette dédaigneusement à la poubelle. Ils le savent aussi par les affiches publicitaires qui s'étalent sur les murs de toutes les villes du monde. Le plus pauvre des pauvres commence à comprendre, même s'il ne sait pas lire, que si nous vivons si bien, c'est en partie grâce à ce que nous sommes venus prendre chez lui.

De ce savoir-là naîtra une révolte qui peut, un jour, tout faire basculer. En 1965, alors que je faisais de fréquents voyages pour travailler avec les communautés Emmaüs, cela m'apparaissait déjà comme une évidence, et je l'ai écrit : « Ce temps est celui de l'impuissance des puissants et d'une incroyable puissance des faibles. »

Le déséquilibre démographique actuel entre les nations ne pourra pas durer. L'homme barricadé dans la souveraineté absolue de sa nationalité, ça devient une plaisanterie ! Pendant la guerre de 39-45, la population du Maroc, de l'Algérie et de la Tunisie représentait la moitié de la population française. Dans vingt-cinq ans, dans trente ans, elle aura triplé ! Et ce n'est pas vrai que sur les terres arides, sans fleuves, du Maghreb, les populations se tiendront tranquilles alors qu'elles savent, par les informations quotidiennes, que l'Europe, possédant le sol le plus fertile du monde, le laisse en friche et va repeupler en forêt les terres cultivables !

Un jour, à la fin d'une réunion où nous étions en face de deux ministres et de sept hauts fonctionnaires pour veiller à l'application de la circulaire Bianco relative aux demandeurs d'asile, j'ai dit : « Messieurs les ministres, vous êtes-vous préparés à ce qui arriverait si – ce n'est pas impossible – l'intégrisme l'emportait en Algérie ? Combien de dizaines de milliers prendraient la fuite pour venir chez nous ? Et on aurait bonne mine de leur faire la grimace après les avoir occupés pendant tant d'années ! » Ces hautes autorités sont restées interloquées. Elles ne s'étaient jamais encore posé la question. Or, cette hypothèse n'a rien d'impensable. Et, encore une fois, on aurait bonne mine de faire des embarras pour accueillir ces réfugiés.

Les pauvres ont des enfants, les riches limitent la natalité. Inévitablement, cela aboutira à ce qui s'est passé pour l'Empire romain décadent : les Barbares, en quelques mois, sont passés des limites des frontières au centre de Rome ! Comment allons-nous pouvoir résister au terrorisme, aux prises d'otages et à la menace atomique privée ? Nous nous réjouissons de savoir qu'à l'Est comme à l'Ouest on démolit par dizaines de milliers les projectiles atomiques, mais périodiquement l'opinion publique apprend que des citoyens de l'ex-empire soviétique vendent du plutonium au marché noir. Demain, le président de la République peut très bien recevoir une lettre disant : « Cher Monsieur le Président, si dans un délai d'un mois, vous n'ouvrez pas des négociations pour qu'un million de Maghrébins puissent venir cultiver les terres fertiles chez vous, on fait sauter Notre-Dame. Et pour prouver que ce n'est pas du bluff, voilà la clé du placard x à la gare du Nord, et vous trouverez la copie de la vraie bombe déjà en place pour faire sauter l'Opéra ou Notre-Dame. »

Ceux qui sont jeunes vont connaître un temps où la puissance des armées semblera une rigolade face au terrorisme, à la révolte des affamés et aux nouveaux désordres du monde. Déjà ne tiennent plus les discours comme celui de monsieur Le Pen. Quand il crie : « La France aux Français », je réponds : « Oui, j'ai le droit de le dire parce que j'ai risqué ma peau pour ça, et mieux que vous, mais je ne peux pas, en même temps que je crie : "La France aux Français", ne pas crier : "La terre aux humains". »

Ceux que l'on croyait pouvoir ignorer sont comme une ombre qui pèse sur tout. Devant cet écroulement des illusions, nous sommes condamnés à la coopération, à la négociation ; nous sommes condamnés à regarder dans sa totalité ce globe humain désormais si rapetissé.

Non, ce n'est pas absurde

Le cri de Psichari, c'est un moment extraordinaire dans le cheminement du jeune homme qu'il était. Ce cri, il résonne sans doute encore à travers ce que vivent une fille ou un garçon d'aujourd'hui. Petit-fils de Renan, élevé dans un milieu résolument agnostique, très lancé dans la vie mondaine, voilà qu'à vingt ans Psichari tente de se suicider. Sauvé par l'arrivée de son ami Jacques Rivière, il s'engage dans l'armée et, devenu lieutenant, il part… au Sahara. Il raconte[1] comment une nuit, sous la voûte des étoiles – il faut avoir vécu là-bas pour imaginer son éblouissement –, venue du fond des âges jaillit en lui une force qui le fait tomber à genoux et s'écrier : « Non, ce n'est pas possible que la vraie route soit celle qui ne mène nulle part ! » Comme nombre d'entre nous, comme beaucoup de jeunes aussi, il cherchait. Il cherchait le sens. Or, après avoir décidé de vivre, il a choisi la rude vie du désert.

---

1. *Le voyage du centurion*, 1916.

Le désert, ce n'est pas pour tout le monde, bien sûr, mais chacun peut dans sa vie d'informaticien, de mère de famille, de commerçant, d'étudiant, de secrétaire, que sais-je ?, chacun peut *être dans* cette interrogation du sens de sa vie. « Tu ne me chercherais pas si tu ne m'avais déjà trouvé. » Cette phrase de Pascal, reprenant une pensée familière à saint Augustin, dit bien que ce qui importe, c'est de poser les questions. Pourtant ce n'est pas facile, et quand elles viennent au bord de l'esprit, on préfère parfois ne pas les entendre. Pris de panique, on veut faire taire la voix qui interroge, et alors on fait du bruit, on s'agite, on boit un verre, on rejoint la foule…

Je sais l'accablement que beaucoup ressentent aujourd'hui. Autant que de quoi vivre, ils ont besoin de raisons de vivre. Mais sans doute croient-ils en quelque chose, sinon pourquoi vivre ? Comme moi, ils croient en l'homme.

Si ma vie n'a que moi pour but, je suis dans ce que j'appelle l'« idolâtrie » – « moi, moi d'abord, crèvent les autres ! ». Et cette vie-là, si j'ai un coup de cafard, pourquoi ne l'arrêterais-je pas aujourd'hui ? L'idolâtrie est vouée à l'échec.

Pour que Psichari prenne conscience du pouvoir de la vie, il a fallu qu'il soit mis en face de la mort. J'aime dire, et redire, qu'un jour nous prenons conscience de ce qu'il y a de *creux* en nous ; nous ressentons, avec violence presque, notre faim et notre soif de perfection, de beau. Cette soif d'absolu qui crie en nous m'évoque l'image de la cire dans laquelle un sceau a été imprimé.

Je ne vois pas le sceau, mais en regardant le creux marqué dans la cire, en étant attentif à ce qui me manque, à ce qui crie en moi, je découvre la réponse : je découvre la valeur de la connaissance, de l'amitié, de l'amour.

On parle beaucoup actuellement du manque de repères. On dit : « Avant, on savait où on allait, alors qu'aujourd'hui… » Mais attention à ces fameux repères ! Quand j'étais jeune, on n'en manquait certes pas : il y avait ce qui se faisait et ce qui ne se faisait pas. C'était aussi simple que de traverser dans les passages cloutés ! Pourtant, ces garde-fous n'étaient bien souvent, avouons-le, qu'artifices et convenances ! Même la pratique religieuse. Souvenons-nous à ce propos de l'histoire de Bécassine, la petite Bretonne qui n'aurait jamais manqué une messe au village mais qui, une fois à Paris, n'y va plus jamais : sa foi était-elle d'une autre nature que sociologique ?

Ces repères-là, ceux qui reposaient sur des faux-semblants, ont été balayés. Tant mieux. Les repères d'une vie, ne les trouve-t-on pas à force de chercher son chemin ? Dans une lettre à un ami, Baudelaire écrit : « Ma vie était comme un voyageur perdu dans la forêt. » Et voilà que soudain, au loin, très loin, le voyageur aperçoit de la lumière à une fenêtre, celle de la maison du garde forestier. À coup sûr, il est sauvé ; il sait où aller. Mais le temps de s'avancer, le garde s'est mis au lit et a soufflé la chandelle. Et alors, ce cri de Baudelaire : « Le diable a tout éteint au carreau de l'auberge. » Cri désespéré, car ce qui manque, c'est le repère absolu : c'est la finalité qui fait défaut.

C'est dans le silence et la solitude du désert que Psichari avait trouvé le sens de la vie. Un autre saharien, mon ami François Garbit, m'écrivait alors qu'adolescent je me débattais dans le doute : « La vie, mon vieux, écoute la vie ! », et m'aidait à en trouver, à mon tour, le sens. Moi aussi, j'aime le désert. J'y ai vécu plusieurs mois, et j'ai ressenti là-bas l'absence de toute mesure de l'univers. Et c'est vrai que personne ne peut dire pendant combien d'années encore l'univers que nous connaissons (et que nous continuons chaque jour à découvrir) sera en expansion ; personne ne peut dire si, parvenu à un certain point, il ne sera pas de nouveau en recentration sur lui-même... Cette absence de mesure, n'est-ce pas une manifestation de l'Infini ?

Et les merveilles des fonds marins que nous révèle Cousteau, la splendeur étonnante de l'infiniment petit sous le microscope ou de l'infiniment grand et lointain des astronomes, toute cette beauté serait absurde si elle n'était pas l'expression de la perfection illimitée de l'Éternel. Si nous sommes croyants, nous savons que tout cela est une manifestation de la Toute-Puissance aimante. Une Toute-Puissance s'adressant à des personnes, à des êtres doués de la capacité de connaître, d'admirer et de percevoir des raisons d'aimer. S'il n'y avait pas ces êtres que nous sommes, passants minuscules sur une planète minuscule dans l'ensemble des galaxies, s'il n'y avait pas ces petits êtres de rien du tout, mais dotés de la liberté qui les rend capables ou d'idolâtrie d'eux-mêmes ou d'amour, oui, l'univers serait absurde. Totalement absurde. L'Éternel n'a pas besoin de jouer pour s'amuser. Il n'a pas besoin de lancer des milliards d'étoiles dans l'univers comme un enfant qui pousserait ses billes.

Francine de La Gorce, dans son livre intitulé *La gaffe de Dieu*[1], raconte cette conversation qu'elle a eue avec sa fille :

« Maman, quelle merveille, la façon dont tournent les étoiles. Il n'y a pas de guerre entre les étoiles. Quelle gaffe il a faite, le bon Dieu, en nous faisant libres ! Si on n'était pas libres, nous, les milliards d'humains, ça tournerait rond.

– Oui, il n'y aurait pas de désordre. Mais tu n'aurais pas de maman pour t'aimer et moi je n'aurais pas de petite fille pour m'aimer. On ne serait que des choses placées parmi des choses. »

Cette réalité extérieure à Dieu, non, ce n'est pas une gaffe de Dieu. Dieu qui est Amour s'y exprime pleinement. À nous de le reconnaître.

Je comprends la détresse des jeunes. Ils voient des adultes qui ont perdu le sens. Ils ne reçoivent d'eux que des incertitudes. Même aux petits enfants, on ne donne plus les réponses qui fondent les certitudes. Parmi les premiers mots des enfants, celui qui revient le plus souvent, c'est : « Papa, Maman, pourquoi, pourquoi ? » Or, sans y prendre garde, à cette question qui est celle de la finalité on répond : « Parce que… » Il demandait « pour », on lui répond « par ». À l'esbrouffe, on escamote sa

1. Publié par ATD Quart Monde en 1981.

question. Parce qu'on refuse de la prendre en compte pour soi-même.

Je pense aussi à ceux qui ont quinze ans et qui voient les adultes pris dans une véritable foire d'empoigne, se battant comme des bêtes sauvages pour garder une place guettée par cinq cents autres ; je pense à ceux qui ont quinze ans et qui voient leur père, leur grand frère, leur oncle, diplômés, expérimentés… licenciés à quarante ans ! Comment être motivé pour acquérir une compétence quand on voit que les gens compétents sont « en trop » !

Deux jeunes gens qui s'aiment, qui découvrent l'amour, c'est d'une telle beauté que… cela ne peut pas se dire ! Deux jeunes gens qui vont accepter qu'un enfant vienne au monde montrent qu'ils croient en la Vie : ils prennent un risque, mais c'est le risque de l'amour et le risque de la joie.

Car cet enfant qui naîtra, ils vont l'orienter vers le soleil, vers la lumière. Ils lui confieront le plus beau des secrets, celui du caractère sacré et merveilleux de la vie. Ils lui apprendront que ce n'est pas vrai qu'on peut être vraiment heureux sans les autres. Et j'ai envie de prendre l'image de la cordée. Bien sûr, certains refuseront de se relayer, mais il y en a tant d'autres qui attendent que tu sois pour eux une lumière, la lumière au carreau de la fenêtre de Baudelaire. Le sens, c'est ainsi qu'on le retrouvera.

Un jour où j'étais de passage dans une communauté, un vieux compagnon me dit : « Père, je deviens aveugle, je ne pourrai plus servir. Et servir, c'est ce qui avait donné un sens à ma vie depuis quinze ans ! » Alors je lui ai dit : « Ce n'est pas vrai que tu ne pourras plus servir. Jusqu'à la dernière minute de ta vie, tu pourras sourire au copain qui t'apportera ta gamelle, et tu auras servi si ton sourire l'aide à faire ce qu'il a à faire dans le reste de la journée. »

Le rôle de tout être humain, c'est de faire la preuve que le monde n'est pas sans raison.

Faire crédit

Croire en la vie, c'est croire en d'autres. Pas tous les autres, sans doute, mais si l'on prend ses responsabilités face à la vie, on se fait des alliés. Être ensemble devient nécessité absolue. Et pour se faire des alliés, il faut faire crédit. Sans ce crédit fait à l'humanité on ne pourrait pas respirer : tant d'humains se comportent pire que des bêtes sauvages et s'entretuent dans la folie. Devant le scandale de la souffrance, de l'injustice, du mal, je reste muet comme Job. Car, après avoir râlé, qui suis-je pour me révolter devant l'incompréhensible ? N'ai-je pas oublié que je peux, toujours, quelque chose ?

Récemment, au cours d'une nuit où je ne dormais pas, m'est venue à l'esprit cette évidence : on ne peut dire vraiment « *credo* » – je crois – si on ne fait pas crédit. La foi est de cet ordre-là : il arrive un moment où, comme dans l'amour humain, il faut plonger, prendre des risques, faire véritablement crédit. Sans caution. La coutume ne voulait-elle pas, encore récemment, que le jour où les fiancés avaient pris leur décision, ils se disent l'un à l'autre : « Je te donne ma foi » ? Un vieil ami me disait, bien avant le concile : « Le *Credo* ne parle plus aux gens d'aujourd'hui, il n'y aurait rien d'impie à le réécrire. » Rien d'impie non plus à dire : « Je crois en l'homme. » Si on ne croit pas en l'homme, cela signifie qu'on ne le supporte pas, qu'on peut le supprimer, ce qui se réalise, hélas, quand on agit, par exemple, au nom de la purification ethnique.

Les contemplatives, qui ne vont pas soigner les malades et restent dans leur couvent clos, font, elles aussi, crédit. L'Adoration n'est réelle que parce qu'elles portent avec elles la douleur de l'humanité tout entière. Leur adoration – Amour de Dieu – serait vaine si elle n'était pas en même temps amour de l'homme, crédit fait à l'homme.

Cette adoration-là, elle existe aussi, muette, parmi les multitudes, parmi ceux qu'on pourrait appeler « les braves gens ». Leur vie n'est pas marrante, et pourtant ils essaient de bien faire. Ils font leur métier d'homme.

Faire son métier d'homme, c'est à certains moments prendre le risque de s'exposer, d'être en partie dépossédé de soi-même par les détresses qui nous entourent. Beaucoup d'hommes et de femmes prennent ce risque pour servir les autres. À leur façon, obscurément. En fait, je le sais d'expérience, on y est poussé, porté presque. Je répète sans cesse : « Emmaüs, ce n'est pas ce que mes amis et moi avons fait, c'est ce qui nous est arrivé. » On pouvait foutre le camp, fermer les yeux… simplement, on ne s'est pas dérobés. Mais on n'avait pas prévu. On n'a pas choisi.

L'originalité de l'homme, c'est d'être libre. Et il gâcherait sa liberté s'il ne prenait pas de risques. J'allais écrire que nous sommes responsables de nos choix. En fait, la vie est faite de consentements plus que de choix. Car nous sommes partiellement déterminés par les conditions dans lesquelles nous avons été nourris, élevés, la maison où nous avons grandi, le milieu qui nous a permis – ou non – de faire des études, le fait que nous sommes fille ou garçon, notre état de santé, etc. Tout cela nous est donné, nous devons faire avec, bon gré mal gré. À cela aussi il s'agit de consentir, savourant ce qui est joie, plaisir, et offrant ce qui est peine et souffrance.

J'ai retrouvé, en tentant de classer la multitude de papiers qui m'ont suivi jusqu'ici, à Esteville, une étude graphologique qui dresse en quelque sorte mon portrait. Elle a été faite en 1948 ! C'est avec ce caractère (« nerveux, vivant, violent »), ce tempérament (« une sensualité forte compensée par un haut souci moral et un profond mépris des matérialismes »), ces défauts (« susceptible, il exige beaucoup »), cette santé (« fatigué »), etc. que j'ai plongé dans la vie. Est-il important de se connaître pour exercer sa liberté ? Cette question m'a été posée, à partir de ma propre vie, et j'ai répondu que je n'ai jamais rencontré de circonstances où cela aurait été important. Depuis, j'ai repensé à cette question, au journal que j'ai tenu pendant mon adolescence jusqu'à mon entrée au couvent… On y voit, mais c'est après coup, le tournant que ma vie était en train de prendre, passant des perspectives de la vie de tout le monde à celles d'une vie « de bravade ». Car il y avait de cela dans le choix capucin, celui de vouloir naïvement prier, à la lettre « comme saint François », avec cette espèce de satisfaction secrète, cette jubilation de faire ce qui ne se fait pas ! En tout cas, pour en revenir au consentement, c'est tout naturel pour moi de consentir à ce qui est risqué. Si je vois un type en tabasser un autre, je me mets entre les deux en disant à celui qui frappe : « Tu ne pourras pas le toucher avant de m'avoir démoli. » C'est mon naturel qui me pousse alors au défi : sortir de la banalité pour être dans l'action, dans une action belle et dévorante à la fois, quoi de plus passionnant ?

Dans toute vie il y a des moments où on peut échapper à la banalité. Par exemple, dans la vie d'un couple, il arrive tantôt à l'un, tantôt à l'autre, je le sais, de vouloir faire sa valise. La banalité serait de la faire, sa valise ! Il y a une multitude de circonstances qui ne feront jamais un événement pour un romancier, mais qui n'en sont pas moins des consentements – disons pour simplifier – au devoir. Là encore, si on agit ainsi, c'est qu'on a préféré le consentement au choix. Pourtant, certains de ces moments sont marqués par une sorte de grâce : une gravité accompagne le coup de ciseau du sculpteur qui marque notre personne. Chaque situation dans laquelle on ne s'est pas dérobé nous marque.

Les rencontres aussi vous marquent. D'ailleurs, on n'existe que par la rencontre. Notre « moi » à chacun n'a commencé que parce qu'il y avait notre mère, son sourire et ses caresses, et c'est par la succession des rencontres qu'il a continué à exister. Ces rencontres peuvent être heureuses ou malheureuses… mais nous n'existons qu'en relation. C'est ça, l'espérance. Il me semble pouvoir affirmer que cette espérance-là existe pour chacun, qu'il soit « croyant » ou non. Mais je ne m'engage sur ce sujet qu'avec timidité, car je sais bien à quel point le croyant sait peu se servir de son trésor.

Le trésor du croyant, je l'appelle joie. Joie d'être certain qu'il est aimé et que, par sa liberté, il va apprendre à aimer. Pour Israël et pour l'islam, Dieu est seul, Dieu est nu. Pour les chrétiens, Dieu est Amour : les évangiles donnent à connaître un peu de ce mystère : « *Deus caritas est.* » Il s'exprime, il est Père, et dans le souffle du Père et du Fils s'aimant mutuellement jaillit l'Esprit. Cet amour est l'une des ressemblances fondamentales de l'homme et de Dieu. Accompli en Dieu, il est, dans chaque homme, en genèse.

Vécue à plein, sans limites, la joie du croyant devient contagion. Celui que les croyants appellent « non croyant » (quel mot absurde : comment peut-on définir quelqu'un par ce qu'il n'est pas, sans rien dire de ce qu'il est !) est un prodigieux témoin d'espérance. Mon espérance est la même que celle qu'il cherche avec, pour moi, ce privilège de penser qu'elle n'a pas de limite : ni la maladie ni la mort n'y mettent fin. Dans la réalité de chaque matin, c'est la même espérance qui nous met debout, toi, mon frère dit « non croyant », et moi, qui n'ai plus la prétention de me dire « croyant », qui ne peux, entraîné par ces réflexions, que dire « moi, mal croyant ».

Bien entendu, je ne suis pas capable de dire sur quoi se fonde l'espérance de ceux qui ne croient pas. Je ne sais qu'une chose : elle est. Pour une multitude, elle est accomplissement du devoir, même si chacun ne sait pas bien qu'elle est aussi la source des droits : chaque être humain naissant a le devoir d'exiger de ceux qui lui ont donné la vie, et de la société, les moyens d'accomplir sa raison d'être : l'accomplissement de lui-même dans l'amour, qui n'est qu'un avec la justice.

Le plus merveilleux fondement de l'espérance, c'est que d'autres ont besoin de moi et que je ne peux me passer ni de leur aide ni de leur besoin, car c'est le fait qu'ils aient besoin de moi qui me les rend précieux. Pour le croyant c'est la même chose avec, par instants, l'explosion dans l'illimité.

La vie n'est pas un chemin dans le désert

J'ai toujours du mal à répondre à la question sur les rencontres qui m'ont marqué. À l'éveil de la vie, il y a mon père, l'être de mon père, sa manière d'être, dans tous les domaines. On a dit lors de ses funérailles qu'il resterait un modèle par sa vie spirituelle, par sa vie d'homme d'affaires et par sa vie au service des pauvres. Il m'a marqué par nos conversations et par le climat qu'il faisait régner dans cette famille de huit enfants. Très tôt n'a plus eu cours dans notre famille le sentencieux « les enfants ne parlent pas à table ». Nous apprenions déjà, de cette manière, ce qu'est le droit.

Dans mon enfance il y a eu ce vieux jésuite, le père Michel, à qui je suis venu dire un jour : « Je vois que les saints dont on nous parle ont tous eu une grande dévotion à la Sainte Vierge. Je suis très inquiet parce que, vraiment, je ne me sens pas beaucoup de dévotion ! »

Alors il m'a dit : « Ne te casse pas la tête, c'est tout simple : chaque fois que tu es seul, tu n'as qu'à dire le "Je vous salue Marie". » Je l'ai fait, et je l'ai tellement fait qu'à plus de quatre-vingts ans, je ne peux m'endormir qu'en disant des « Je vous salue Marie » !

Plus tard, j'ai été impressionné par l'intelligence brillante et libre de Teilhard. Quand je l'ai vu la première fois, j'avais seize ans. Il rentrait de Chine et était venu parler aux « grands » du collège. Ses propos m'ont frappé. Plus tard, je l'ai revu. J'ai continué à être impressionné par sa personne et par le courage avec lequel il n'a jamais cessé de travailler dans la ligne qui était la sienne, bien qu'il lui ait été interdit de faire connaître les résultats de ses recherches, aujourd'hui, heureusement, diffusés.

C'est trois ans plus tard, peu avant mon départ au noviciat, que j'ai eu une vraie rencontre avec ma mère. Alors qu'elle me soignait pour une diphtérie, elle m'a fait la confidence de ce qu'était sa vie, au plus profond. Ces moments me furent un cadeau si précieux qu'il vit encore en moi.

Sur un autre plan, il y a eu l'influence importante du provincial des capucins qui m'avait reçu comme novice et qui, sept ans plus tard, m'a dit : « Maintenant que vous êtes prêtre, je dois vous dire que, très vite, j'ai eu la conviction que vous n'étiez pas fait pour rester chez nous. » Je nous revois lors de cette conversation qui se passait dans sa petite cellule. Il a poursuivi : « L'expérience m'a montré qu'il y a quelque chose de chiffonné dans le prêtre si, dans les années de sa formation, il est appelé à changer de spiritualité. Parmi la multitude de spiritualités chrétiennes, voici que vous avez été entraîné vers celle de saint François. Si bien que je me suis dit que, même si vous n'étiez pas fait pour rester chez nous, ce n'était pas pour rien que la Providence vous y avait conduit. » Il me raconta qu'il avait dû combattre au sein de la communauté l'avis de ceux qui disaient : « Non, il n'a pas la santé ; il ne trouve pas parmi nous un aliment intellectuel suffisamment large, ouvert, etc. » Il a terminé en m'invitant à demander conseil pour mon avenir. Je l'ai fait auprès du père de Lubac, de l'archevêque de Lyon, et aussi auprès de l'un de mes oncles, jésuite. C'est grâce à celui-ci que le vicaire général de Grenoble – devenu par la suite archevêque de Cambrai – m'a présenté au vieil évêque de quatre-vingts ans qui m'a, dans la journée, « incardiné[1] » dans son diocèse.

La coutume était qu'un religieux qui voulait devenir prêtre diocésain soit accueilli *ad experimentum* (à l'essai) pour trois ans. Je fus donc, grâce aux amitiés qui m'entouraient, un privilégié.

Puis il y a eu Zunio Weissmann. On l'appelait Gilbert. Ingénieur chez Peugeot, il a pris à l'arrivée des Allemands une fausse identité et a été, dès le premier instant où je me suis embarqué dans la dangereuse aventure de la Résistance, le conseiller, le guide parfois. Pondéré, sage, il s'est employé à faire comprendre aux volontaires des maquis, impatients de vivre le débarquement, que les choses seraient beaucoup plus longues qu'ils le pensaient.

---

1. C'est très joli, ce mot. Il vient de *cardo*, le gond d'une porte. Il signifie que tout prêtre doit avoir une attache fixe tout en gardant la possibilité de pivoter selon les circonstances de son apostolat.

Plus tard encore, il y a eu cet homme qui fut d'une aide exceptionnelle dans la tempête d'Emmaüs en 1954, alors que s'abattait sur moi l'orage de cette célébrité si difficile à vivre. Il était directeur et, je crois, l'un des propriétaires du Bazar de l'Hôtel de Ville à Paris. Son bureau était tout proche de la rue des Bourdonnais, où nous avions acheté un immeuble avec l'argent qui nous arrivait et où nous tentions de nous organiser, autant que possible. Tous les soirs, après six heures, il venait travailler avec nous et, pendant un an, il a payé un ingénieur en organisation qui nous a aidés à mettre en ordre ce qui aurait pu être un monstre de désordre : imaginez trois cent mille lettres et un milliard qui tombent entre les mains de cent cinquante bonshommes dont plus d'un a fait de la prison ! Tout cela n'était pas gagné d'avance !

Je revois, après sa mort, son épouse – grande femme du monde – dans leur appartement des Champs-Élysées s'écriant, alors que je venais de dire : « Dieu est Amour, nous sommes aimés, nous sommes libres pour aimer » : « Ah, alors, si c'est sûr qu'on est aimé, cela change tout ! »

Un autre m'a marqué aussi, Daniel Gigan. Il est mort ici, à Esteville. Fils de paysans, il avait voulu devenir prêtre, mais en avait été empêché par la tuberculose. Il est venu ici au moment où la maison ouvrait, alors qu'il n'y avait aucun confort, et il y a vécu pendant plus de dix ans. Parmi les compagnons, il faisait de l'apostolat dans le silence. Toutes les corvées dans le silence. C'est seulement quand il entendait quelqu'un dire : « Nom de Dieu ! » qu'il explosait, dans une colère pleine de bonté. Le matin où l'infirmière est entrée dans sa chambre et l'a trouvé mort, un cahier était ouvert sur la table. Le jour même il avait écrit : « Le Seigneur n'est pas venu pour être servi, mais pour servir... » C'est l'un des saints que j'ai rencontrés... Il avait ce désir obstiné de servir dans l'effacement.

Le père de Lubac a été un ami intime. Je suis probablement la dernière personne avec qui il a échangé un regard conscient, quelques heures avant qu'il ne meure chez les petites sœurs des pauvres. C'était le jour anniversaire de ma première messe, à laquelle il avait accepté de m'assister, quelque cinquante ans auparavant.

J'ai aimé cet homme, d'une pensée si originale et d'une si grande rigueur intellectuelle. C'était l'une de ces personnes qu'on serait porté à considérer comme « angélique », transparente, à travers qui les êtres et les choses communiquent. Et c'est à lui que je dois d'avoir été accompagné, tout au long de ma route, par une personne aussi remarquable que Mademoiselle Coutaz.

Sans elle, rien de ce qu'on m'attribue n'existerait. Comme le disent en riant les anciens : « Si le père avait été seul, il n'y aurait jamais eu un sou dans la caisse ! » Si elle veillait au grain, ce n'était pas pour que s'accomplisse quelque grande œuvre, c'était simplement pour qu'on bouffe le lendemain. Fille du peuple, elle avait les pieds sur terre. Elle voyait que ce que j'allais entreprendre était illégal, fou. Elle me disait : « Ça va mal finir. Vous irez en prison. » Puis, voyant que je m'obstinais quand même, elle soupirait : « On ne peut pas le laisser seul ! »

Qu'on n'aille pas en déduire que nous étions de tempéraments comparables. Trente-neuf ans d'action ensemble ont été une épreuve pour l'un comme pour l'autre : moi, le gosse de riches ; elle, la fille d'un cantonnier. Ce fut l'amour de Dieu et des pauvres qui a été notre véritable terrain de rencontre. Sa fidélité, qui lui coûta beaucoup, est l'un des émerveillements de ma vie. Elle était dotée d'un tempérament de chef – elle l'a prouvé lors de la Résistance –, et son héroïsme a été de vivre trente-neuf ans dans l'ombre d'un autre.

Avec le père Zundel, j'ai eu la chance d'avoir été en contact avec un mystique à l'état pur. Il m'est arrivé de faire le voyage de Paris à Lausanne, où il vivait, rien que pour me confesser à lui. Au cours de cette heure de grâce, il m'était offert de participer à une vie contemplative exceptionnelle. Avec lui, on se trouvait en présence de quelqu'un... à mi-chemin entre Dieu et les hommes. Loin de moi l'idée de vouloir dire qu'il planait dans les nuages. Par sa personne même, on accédait, presque naturellement, au mystère de Dieu, à l'Absolu.

Mais l'influence qui reste de toutes la plus déterminante pour moi est celle de François Garbit. C'est avec lui que j'ai partagé le désarroi de mes quinze ans. À ce « grand », de deux ans mon aîné, j'osais tout dire : l'exaltation de l'amour, le désespoir de l'amitié refusée, l'émotion de la rencontre avec François d'Assise...

Quand je suis tombé malade, alors que je voulais ne pas guérir, il m'écrivait : « À quinze ans, lorsque la vie éblouissante te tend les bras, tu songes à la mort ! Mais la mort est le couronnement, le prolongement de la vie. C'est par la vie qu'on la mérite ! »

Notre correspondance s'est poursuivie pendant toute mon adolescence, puis pendant le temps passé chez les capucins alors qu'il était devenu officier méhariste au Sahara. Ses lettres continuent de résonner en moi : « Chacun fait ce qu'il veut de la vie. Les uns la traînent dans la boue. En quoi salissent-ils la nôtre ? Ils nous montrent en quoi on peut la rendre ignoble. Profitons de la leçon, et faisons-la splendide ! »

Il a été tué en 1940, à la frontière du Liban, alors qu'il tentait de s'opposer à un affrontement entre Français divisés.

On devine la tendresse de mes relations avec François Garbit… enfin, plus que de la tendresse, je dirais qu'il y avait de la confiance. C'était mon ami. Celui qui me connaissait le mieux, me comprenait le mieux.

Les personnes importantes que j'ai rencontrées dans ma vie n'ont jamais été pour moi des modèles. Mais elles m'ont éclairé sur les différentes facettes de ma personnalité et m'ont forcé à moins me disperser, à me rassembler. Elles m'ont façonné à la manière du coup de pouce sur la pâte à modeler.

Le chemin de toute vie est bordé par des personnes. Ce n'est pas un chemin dans le désert. C'est un chemin parmi d'innombrables humains, et l'on y passe en ignorant le plus souvent leurs richesses cachées. Parfois – Dieu merci –, on y cueille un fruit inattendu. Et l'on sait – encore Dieu merci – que par plus d'un, même inconnu, on sera cueilli à son tour. Jusqu'à l'heure où c'est Dieu qui cueillera sa fleur avant qu'elle ne soit trop fanée.

Solitudes

Rencontrer *vraiment* des hommes et des femmes a été l'une des chances de ma vie. Il m'a été donné aussi de me trouver parmi la foule, de parler devant des multitudes. Une célébrité est née de cela. Je vais vous faire une confidence : si vous voulez faire une vacherie à un copain, souhaitez-lui d'être une vedette ! La célébrité peut condamner à la solitude.

Un jour, à Rio de Janeiro, j'ai participé, avec Helder Camara, archevêque de Recife, à un rassemblement immense. Dans le couvent des dominicains où l'on m'avait accueilli ensuite, je n'arrivais pas à m'endormir. Je suis allé marcher sur cette plage dont on disait qu'elle était la plus belle du monde. (Depuis, comme tant d'autres, Copacabana a été affreusement souillée par les déchets d'une ville démesurée.) Là, j'ai pleuré. J'étais écrasé par ce que je portais, anéanti, et j'ai pleuré comme un gosse. De lassitude, de solitude.

Je comprends ce que vivent les gens du spectacle : une fois passé l'effet de foule, une fois terminée cette sorte de communion électrique avec des milliers de personnes qui vibrent à l'unisson, on se retrouve seul. Mais, acteurs ou chanteurs, ils ont encore près d'eux, pendant quelques heures, leur bande d'amis. Suivra quand même l'heure de la solitude. Pour moi, elle était là, écrasante, dès que j'eus quitté Dom Helder. Après le temps des larmes, une fois revenu au couvent, il y eut un temps secret d'Adoration devant le tabernacle. Je n'avais pas le choix : il me fallait aller à la rencontre d'une espérance plus forte pour dominer la solitude. Peu de temps avant sa mort, Montherlant a écrit : « Quand on a longtemps regardé le monde, la vie, il n'y a pas d'autre alternative que Dieu ou le suicide. » Grâce à Dieu, j'avais Dieu !

Cette solitude n'est pas le fait de la seule vie de prêtre. Même quand existe la plus intime union entre époux, rien ne peut empêcher des instants de solitude déchirante. C'est alors que, pour tout homme, pour toute femme, vient le doute sur le sens de la vie. Cela peut aussi être l'occasion de savourer, même s'il y a des larmes, la mystérieuse perception des tendresses de Dieu.

Ils sont légion aujourd'hui, les hommes et les femmes qui sont victimes de la malédiction de la ville et de la civilisation. Dans une bourgade de la France d'avant-guerre, un vieillard n'était jamais seul. Comprenons-nous : je n'idéalise pas cette époque, par ailleurs si difficile ; mais chacun bénéficiait alors des effets d'une solidarité naturelle dans une société cohérente. Dans un village africain, un orphelin n'est pas seul : il devient le fils de l'oncle, c'est tout simple. Mais regardez ce qui se passe dans ces grands immeubles de nos villes… J'ai habité pendant vingt années au dixième étage d'une tour HLM, à Charenton. Il y avait un ascenseur – à quatre-vingts ans, Mademoiselle Coutaz en avait bien besoin ! Mais quand les gens le prenaient, ils ne se parlaient pas, ou à peine. Le temps passé ensemble est si court qu'on ne peut qu'échanger des banalités. C'est ainsi qu'on peut vivre des années sans rien savoir de ceux qui habitent les cinquante autres appartements de la tour !

Elles sont terribles, ces solitudes-là. D'autant plus terribles qu'elles font peur. Il faut admettre qu'il est dévorant, l'appel du solitaire, car il vit, au plus aigu, la privation d'espérance. L'espérance, j'y reviens, vient du lien, de la relation avec les autres, de l'attention que l'on porte à ceux et à celles qui vous entourent.

Et, tous, nous nous culpabilisons quand nous nous sentons impuissants devant ces solitudes intimes. Pourtant, il ne le faut pas, car nul ne peut savoir comment y répondre. Il n'y a pas de conseil, il n'existe aucune recette pour aider quelqu'un à en sortir. La réponse peut venir de quelque inspiration intérieure, d'une chiquenaude. Elle peut se produire lors d'une rencontre qui semble anodine, quand, sans en avoir forcément conscience, on a comme touché du doigt l'évidence que, oui, on peut sortir le solitaire de ce vide qui l'accable. Intuitivement, on a commencé à répondre à l'angoisse qui le mine : est-il souhaitable que j'existe ? Est-il justifié que je vive ? Et les autres, n'ont-ils donc pas besoin de moi ?

On ne fera jamais de manuel pour sortir de cette solitude-là. Pour celui qui la vit, elle est comme une agonie. Mais c'est dans ce sens qu'on peut tenter de l'approcher. Je vais utiliser de nouveau l'image du creux dans la cire... Le creux ne s'est pas fait tout seul. Ce creux, c'est l'Autre qui l'a imprimé en moi, c'est le besoin que j'ai de lui. Je la reprends toujours, cette image, parce qu'elle décrit bien ce que je vis en permanence.

Depuis l'enfance, je ressens la douleur du manque de ce que je ne peux pas faire pour ceux qui en ont besoin. Sur la plage de Copacabana, au pied des collines des *favelas* où s'entassent, misérables, des milliers de familles démunies de tout, j'étais malheureux de voir que, quoi que je fasse, je ne réussirais jamais à en faire assez.

Cette douleur, je l'éprouve depuis une histoire de pot de confiture que j'ai racontée à Bernard Chevallier pour le livre *Emmaüs, ou venger l'homme... en aimant*[1]. Je devais avoir six ou sept ans. Or, ce jour-là, j'avais fait des bêtises : autant que je me le rappelle, j'avais chipé, avant le déjeuner, de la confiture qui était sur la table. Quand on s'en est aperçu, j'ai menti en laissant soupçonner un de mes frères. C'était vraiment très vilain. Finalement, on a su que c'était moi. Mes parents m'ont puni en m'interdisant d'aller à une fête chez des cousins. Le soir, mes frères et sœurs reviennent chez nous tout exubérants et courent vers moi pour me raconter les jeux merveilleux de cet après-midi. Et moi, petit bonhomme, je me vois toujours, comme si c'était hier, imperturbable, disant à l'un de mes frères : « Qu'est-ce que tu veux que ça me fasse puisque je n'y étais pas ? »

1. Centurion, 1979 (1ère édition).

Sur ce, je tourne les talons, très fier de moi, de ma bonne logique ! Une demi-heure après, mon père m'appelle dans son bureau. Il ne me gronde pas, mais je le vois très malheureux : « Henri, j'ai entendu ce que tu as répondu à ton frère. Comment est-ce possible que tu ne sentes pas comme c'est affreux ? Alors, tu n'es pas heureux quand les autres sont heureux ? Il n'y a que toi qui comptes ! Que c'est mal… »

Cela reste pour moi un moment inoubliable : cette souffrance de mon père. Il ne me punissait pas de nouveau, ne me réprimandait pas, mais me faisait la confidence de quelque chose de très profond en lui : il était malheureux parce que je n'étais pas bon. Aujourd'hui, il m'apparaît, avec le recul du temps qui a passé, que le manque que je ressens – oui, en permanence – c'est, en définitive, de n'être que moi… Mais n'est-ce pas justement ce manque qui est le feu me faisant agir sans répit ?

Il me semble que c'est depuis toujours que se trouve, ressenti si fort en moi, ce creux dont je parle souvent : la faim, constante, du bonheur, de ma joie dans la joie de l'autre. Ce creux absolu en moi, il est dur à vivre, mais il est aussi promesse que Dieu le comblera. Le cri de Psichari m'accompagne sans cesse : « Non, ce n'est pas vrai que la vraie route ne mène nulle part. »

Sans doute y a-t-il autre chose encore. Récemment, j'ai fait une découverte. Pas exactement une découverte, parce que je le savais au fond de moi, mais je n'avais pas « réalisé » pourquoi je ne pouvais pas entendre le mot allemand *Fraülein*, mademoiselle, sans être bouleversé… Et voilà qu'un de mes frères m'apporte une photo prise en août 1914 – j'avais deux ans – et soudain j'ai revu la scène : Papa bousculant Fraülein, une étudiante allemande qui était venue aider Maman et apprendre le français... Papa lui disant : « Vite, vite, fais ta valise, le dernier train part dans une heure. » C'était la déclaration de guerre. Et moi, je ne comprenais pas : pourquoi Papa chassait-il Fraülein qui n'avait rien fait de méchant ? C'est la guerre ? Qu'est-ce qu'on veut que ça me fiche, la guerre, qu'est-ce que ça veut dire à deux ans ? Pourquoi partait-elle, Fraülein ? Je pleurais – j'étais le plus petit de la famille à ce moment-là, le plus chouchouté aussi par cette Fraülein, alors que je ne me souviens pas avoir jamais reçu un seul câlin de notre mère –, et le mot est resté en moi comme une blessure.

Tendresses

Ce qui, tout au long de ma vie, m'a sûrement coûté le plus, ce fut le volontaire renoncement à la tendresse. Celui qui devient moine s'engage par trois vœux. Le vœu d'obéissance : je n'ai jamais vécu de situations où il m'aurait coûté, car je n'ai jamais reçu d'ordres contraires à mon désir ; la pauvreté : au monastère, elle était réelle, nous vivions dans la frugalité, mais elle était accompagnée de la sécurité que comporte l'engagement dans un institut de longue tradition, solidement implanté. En fait, d'une autre nature que la pauvreté, c'est la misère que j'ai connue lorsque je n'ai plus reçu l'indemnité parlementaire qui permettait de vivre à la vingtaine d'hommes alors hébergés dans la première maison d'Emmaüs. C'est à ce moment-là qu'à l'insu de mes compagnons, j'ai été mendier boulevard Saint-Germain, puis boulevard Saint-Martin. C'était dur, mais, il faut bien que je le reconnaisse, si je me cachais dans un coin obscur pour pleurer, il y avait au tréfonds de moi, en même temps, une sorte de jubilation – c'est mon côté espiègle qui veut ça – de me sentir assez libre pour faire ce qui ne se fait pas et qui aurait horrifié le bourgeois (que j'avais été jusqu'à dix-neuf ans).

Le plus douloureux à vivre, ce fut vraiment le vœu de chasteté, qui conduit à renoncer à la tendresse. Si ce renoncement n'était pas volontaire, le célibat n'aurait pas de sens ; il ne serait plus que la négation de la femme en soi, et de tant d'autres précieuses valeurs : valeur du couple, épanouissement de soi-même. On ne peut renoncer à la plénitude de la vie conjugale que parce que l'on répond à un réel appel, parce que l'on est en impatience, de toutes ses énergies, tendu vers ce que Jésus appelle pour tous, mariés ou pas, le royaume de Dieu, dans une communion avec tous les humains, et d'abord avec les délaissés, les oubliés.

Ce vœu, certes imparfaitement vécu, ne fut cependant jamais remis en cause. Même si j'ai souffert de cette privation, même si j'ai, à certains moments, rêvé de la joie vécue par les époux comme une merveille humaine au-dessus de toute autre.

Et puis, au fil des confidences reçues de beaucoup, j'apprenais que jamais cette tendresse, dont la faim crie en nous, n'emplit le cœur autant qu'on le désire. Dans les unions les meilleures, les plus heureuses, chacun voit bien qu'il ne peut donner entièrement le plus intime de lui-même, ni l'atteindre, ni le recevoir de l'autre. Et cependant, c'est merveille.

Un jour qu'il était venu me voir à l'abbaye bénédictine de Saint-Wandrille (où j'ai été accueilli pendant huit ans avant ma grave maladie d'il y a deux ans), François Mitterrand m'a demandé si j'avais connu la passion : oui, j'ai été amoureux d'un garçon à l'âge de treize ans, à cause de la beauté de son chant, lors d'une messe de minuit. Si follement que j'en tombai malade. Il ne s'agissait pas de tendresse, d'autant que lui n'y comprenait strictement rien. C'était la passion : une exaltation qui à la fois brûle et glace le cœur. Mitterrand a souri : « Comme c'est heureux que cela vous soit arrivé, cela n'a pu que vous rendre compréhensif pour les passions des autres. » C'est vrai.

La tendresse d'une femme, celle de chaque jour, je ne l'ai jamais vécue. De cela, j'ai éprouvé une souffrance constante, quotidienne, toute ma vie. Car je ne pense pas que, pour un homme, la tendresse existe sans la présence d'une femme. Ou alors, il faut vraiment que Dieu s'en mêle beaucoup !

Mais je ne crois pas que l'aspiration à la tendresse implique nécessairement celle de l'achèvement donné par l'acte sexuel. Bien sûr, il ne faut pas se faire d'illusion : l'aspiration à la tendresse participe de la pulsion instinctive. Cependant, il me semble qu'elle peut exister pleinement sans autre motif que la joie de vivre, avec ce qu'elle comporte de plaisir partagé.

Il y a sans doute un abîme entre la tendresse et le plaisir. C'est pourquoi il me paraît plus réaliste de parler de joie. D'ailleurs, l'une et l'autre peuvent être sur une même orbite, sur une même montée.

Certains, c'est mon cas, ont choisi à un moment de leur vie de consentir à ce renoncement. Le consentement peut être cruel, mais il n'est pas forcé ; on n'est pas au bagne ! Et ce chemin n'entraîne pas moins haut. Oui, je suis resté fidèle à ce vœu, d'ailleurs contracté sans véritable connaissance de cause, sans aucune préparation, sans avoir perçu alors qu'il pourrait me conduire, par-delà des « vallées de larmes », à une autre cime. J'ai souffert, beaucoup même, mais au long de ces années, j'ai découvert – si peu, mais c'est si merveilleux, je l'ai déjà dit – les tendresses de Dieu.

Si j'avais de nouveau dix-huit ans, sachant combien coûte la privation de tendresse, et ne sachant que cela, sûrement je n'aurais pas la force de prononcer joyeusement le vœu de chasteté. Mais étant averti que, au long de ce chemin si difficile, l'on rencontre les tendresses de Dieu, alors oui, sûrement, je dirais oui, de tout mon être.

Ces tendresses de Dieu, elles ne viennent pas seulement à celles ou à ceux qui prononcent des vœux ; elles viennent de mille manières pour qui se met en quête du plus parfait possible. Ces tendresses de Dieu, elles sont lumière, elles sont force.

Pour en revenir aux engagements que prend le moine – pauvreté, obéissance, chasteté –, ils sont absurdes et malsains s'ils ne sont pas, avec l'aide de Dieu, le moyen d'une marche obstinée vers sa transcendance. Et si ce n'était pas une transcendance, ce serait une mutilation. Cette marche, parfois, force à prendre des initiatives au-delà de toute obéissance.

Gardons-nous des peurs et des illusions. Même si nous trouvons souvent que les tendresses de Dieu tardent, elles viennent à temps pour que nous puissions surmonter les découragements et poursuivre notre marche.

Connaissez-vous ce poème de saint Jean de la Croix ? Il dit tout :

> Je la connais, la source, elle coule, elle court
> mais c'est de nuit.
> Dans la nuit obscure de cette vie, je la connais,
> la source, par la foi,
> mais c'est de nuit.
> Je sais qu'il ne peut y avoir de chose plus belle,
> que ciel et terre viennent y boire,
> mais c'est de nuit.
> Je sais que c'est un abîme sans fond et que nul
> ne peut la passer à gué,
> mais c'est de nuit.
> Cette source éternelle est cachée en ce pain vivant
> pour nous donner la vie,
> mais c'est de nuit.
> De là elle appelle toutes créatures
> qui viennent boire de son eau, dans l'ombre,
> mais c'est de nuit.
> Cette source vive de mon désir en ce pain de vie
> je la vois,
> mais c'est de nuit.

Si ma vie est questionnement perpétuel...

La foi ne peut pas être la conclusion d'un raisonnement logique. Même si, avant qu'elle advienne, on a raisonné, réfléchi, argumenté, elle est acte d'Amour, un acte qui n'est pas déraisonnable, mais qui n'est pas du domaine de la raison.

Si vous demandez à deux jeunes gens pourquoi ils s'aiment, ils ne vont pas faire une liste des défauts ou des qualités, établir la moyenne, dire : « Elle arrive à 51 %, c'est pour ça que je l'aime... » Chacun s'écriera : « Je l'aime parce que je l'aime, et foutez-moi la paix ! Je l'aime comme elle (il) est. » La foi est un acte d'Amour. Il arrive un moment où l'on dit : « Je crois », et on plonge.

Je ne peux décidément pas être d'accord avec Frossard qui écrit en substance : « Je suis entré dans une église et j'ai entendu le prédicateur parler d'un Dieu inconnaissable. » Et il ajoute : « Je suis sorti en me disant : ne me suis-je pas trompé d'église ? Est-ce bien une église catholique ? » Quand j'ai lu cette phrase, je me suis précipité sur le nouveau *Catéchisme de l'Église catholique* pour regarder si, sans que je m'en sois aperçu, on aurait substitué à « Je crois en Dieu », « Je connais Dieu »...

« Je crois » exprime une manière de connaître, sans doute, mais d'un tout autre ordre que la connaissance empirique que peuvent nous donner les sciences. « Je crois » est un élan d'amour pour un infini mystère.

Et le croyant croyable est celui qui montre qu'il est croyant *quand même ;* il ne ferme pas les yeux sur tout ce qui semble nier Dieu : l'injustice, la souffrance, les tremblements de terre, les inondations, le gosse écrasé par un camion, le sida qui vient d'atteindre une famille. N'est croyable que celui qui peut dire à son frère non croyant : autant que toi, je suis révolté, indigné, scandalisé. J'interpelle Dieu et je suis blessé de la blessure des autres. À Kouchner qui s'exclamait : « Évidemment, pour toi, il n'y a pas de problème puisque tu es croyant », j'ai répondu : « Ce n'est pas vrai que la foi fait que je n'aie pas de questions. » Les scandales du monde sont peut-être encore plus difficiles à vivre pour le croyant, car, par tout l'Évangile, il se sent appelé à faire que la perfection existe dans le monde en dépit de tant de désastres et de crimes, et il voit bien combien on en sera toujours loin.

Depuis ma décision d'entrer dans la vie monastique, je n'ai plus connu le doute, mais ma vie n'a pas cessé d'être interrogation. À cet instant même, cinquante interrogations sont devant moi et me font dire : « Mon Dieu, je ne comprends pas. »

Si ma vie est questionnement perpétuel, c'est justement parce que je suis habité par une certitude : l'Infini est Amour. Il m'a fallu, pour avoir cette assurance, en passer par le doute radical. Adolescent, j'avais été ébloui, vraiment ébloui, par le rationalisme inexorable de Descartes dans le *Discours de la méthode*. Ma fascination pour sa rigoureuse critique a abouti à ce qui m'est venu un jour comme un éclair. C'était un dimanche matin, au collège ; j'étais en classe de seconde. Je revois encore la place où j'étais assis, au bout d'un banc contre le mur. Tandis que le père Pontet nous faisait un cours, extrêmement brillant, de culture biblique, cette question m'a frappé en pleine figure : « Tu vis en chrétien, tu t'apprêtes à t'engager dans une vie chrétienne… mais qu'as-tu fait pour vérifier, personnellement, si ce qu'on t'enseigne est vrai ? » C'était comme si je m'étais retrouvé tout nu sur la place publique ! À partir de ce jour, je me suis mis à dévorer tous les livres qui me tombaient sous la main sur les courants spirituels, sur l'histoire de l'humanité. Et c'est au cours de cette quête fiévreuse qu'est intervenu le choc.

Au hasard de mes lectures, je me suis arrêté sur le mot hébreu : *Yahvé*, qui est la réponse donnée à Moïse alors qu'il interroge le buisson ardent : « Tu me demandes d'aller dire aux Juifs de quitter l'Égypte… On va me dire : "Qui t'envoie ?" » – « Tu diras : "Yahvé – 'Je suis' – m'a dit d'aller vous dire…" » Moi qui pataugeais parmi tous ces écrits de poètes, de philosophes, tout à coup j'ai senti que je prenais appui sur un roc : j'avais trouvé la certitude de l'Être. Nous venons de ce « Je suis » qui, plus tard, nous dira : « Je suis Amour. »

Longtemps les hommes ont pensé être les seuls ; aujourd'hui, nous savons que, au-delà de notre galaxie, il peut exister mille milliards d'autres cosmos dans lesquels, logiquement, devraient se trouver des êtres libres même s'ils ne nous ressemblent pas forcément. Ils ont ce quelque chose sans quoi tout serait absurde. S'ils existent, ils viennent, comme nous, de l'Amour, et cet Amour est leur destinée tout comme la nôtre. C'est d'ailleurs ça, le fondement du droit : c'est parce que je viens de l'Amour, parce que je vis pour rendre amour à l'Amour, que cela me donne le droit de réclamer les moyens d'accomplir ma destinée.

Avec la certitude de l'être, je suis devant ce que j'appelle la certitude de l'immortalité : mon Moi ne peut pas cesser. Si un seul instant n'avait existé ni être ni cause d'être, alors indéfiniment rien n'existerait. Or, de l'Être est puisque vous êtes, que je suis, que cette table à laquelle j'écris est. Il ne peut pas se faire qu'il y ait eu du « sans-Être ». Nous atteignons là l'Infini. L'Infini, nous le rencontrons quand nous considérons le temps (et pour ainsi dire l'Être hors du temps), mais l'Infini ne peut pas se limiter à telle ou telle réalité que nous connaissons. Ce qui est infini est absolu, et c'est là qu'intervient la foi : la Révélation nous dit que cet Infini est Amour. Cette dimension mystique de la pensée est latente dans le cœur de tous, même pour ceux qui n'ont pas été touchés par la Révélation.

Mon espérance repose sur ces certitudes : d'une part, l'Éternel existe, puisque de l'Être est ; d'autre part, en moi qui ne suis que quelques kilos de matière, il y a un Moi, un sujet, qui est différent justement de la matière, car ce Moi n'est pas un composé décomposable.

Cela étant posé, il y a la grande provocation du mal qui semble nier cette perfection de l'Être.

Longtemps on a laissé croire, on l'a même enseigné, qu'en « donnant sa vie en rançon », Jésus rachetait l'homme à Satan qui le possédait depuis qu'il s'était donné à lui par le péché. (Satan, cette énigme, hideuse séduction du mal, dont nous constatons tous l'existence dans chacune de nos vies et dans les événements de l'histoire humaine.) Ainsi, Jésus se serait donné au mal ? C'est impensable. Mais alors, à qui est versée la rançon ?

Une autre école, celle de saint Anselme, propose une explication différente. Saint Anselme laisse dire à un moine : « La rançon, c'est à Dieu le Père qu'elle est donnée. » Ce moine raisonne à la manière du droit médiéval qui considérait que la gravité d'une offense ne se mesure pas à l'importance de l'insulte, mais à celle de l'insulté. Si un paysan crache sur le roi, l'offense est grande… parce qu'il s'agit du roi. La réparation se mesurera à l'importance de celui qui la présente : c'est donc le seigneur dont dépend le paysan, et non ce dernier, qui devra présenter des excuses au roi. À partir de là une doctrine s'est développée : la doctrine de la « satisfaction ». Quel horrible mot ! Comme si Dieu le Père réclamait tout ça, ce sang, ces horreurs, pour en avoir assez, pour avoir son compte ! C'est abominable.

Ce qui m'a éclairé finalement, c'est une réflexion sur ce que vivent les drogués. Le drogué est à la fois son propre bourreau et son captif. De même, l'homme est la première victime de son péché, qui n'est pas autre chose que la volonté d'être – n'est-ce pas ridicule ! –

le propriétaire de lui-même. Tout comme le drogué, l'homme est la première victime de ses erreurs. Je comprends ainsi la rédemption : nous nous sommes dérobés à Dieu, et voilà que celui qui a été dépossédé – Dieu – vient trouver le voleur – nous – et lui dit : « Pour que tu te rendes, je te paie : c'est à toi que je viens me donner en rançon afin que, au lieu de trafiquer et de revendre ce chef-d'œuvre qu'est l'homme, tu te restitues. » C'est l'Amour qui vient se faire serviteur, se donner à son voleur.

Dieu est plus grand que tout ce que nous avons appris. Parce qu'il s'est fait notre prisonnier. Et, par cela même, l'homme est plus grand que tous ses exploits. Parce qu'il est fait pour servir.

Je pense que cette manière de penser la rédemption, la « rançon », prend une dimension très concrète et répond à la soif de dignité de l'homme moderne. Le fait que ce soit à lui-même qu'il a été racheté (et non à Satan) est une reconnaissance de sa dignité. Dieu, en père parfait, la reconnaît !

Si nous refusons cette offre, nous restons dans notre salade de sang et d'horreur. Si nous l'acceptons, nous nous retrouvons libres pour apprendre à aimer.

Quand nous sommes nés, nos parents savaient, par l'expérience de leur vie, que nous, petits d'homme, à mesure que s'éveillerait notre liberté, nous serions tentés de nous réclamer seuls maîtres de nous. Ceux qui avaient la foi savaient que de là venaient tant de malheurs entre les hommes. Ils décidaient alors de nous rendre à Dieu, à son mystérieux Amour. C'était le sens de notre baptême.

Moi qui fus l'un de ces enfants privilégiés, une question me taraude depuis toujours : « Pourquoi moi au nombre, si petit, de ceux de qui la Révélation fut connue ? Alors qu'il y a les innombrables multitudes, depuis le commencement de l'humanité. » Puis vint ce jour où je me trouvais à Vérone, en Italie, parmi des dizaines de milliers de jeunes. Tandis que l'on traduisait les discours précédents, je regardais distraitement autour de moi. Il y avait là de grandes bandes de toile sur lesquelles étaient écrites les Béatitudes. Et, pour la première fois de ma vie, j'ai pris conscience que toutes les Béatitudes sont écrites au futur. Seules la première et la dernière sont au présent :

« Bienheureux les pauvres de cœur, le Royaume des Cieux *est à* eux. »

« Bienheureux ceux qui souffrent persécution pour la justice, le Royaume des Cieux *est* à eux. »

Ce jour-là j'ai ressenti une joie formidable au-dedans de moi. Tout à coup, je découvrais le sens de ces Béatitudes : depuis le jour où il y a eu trois humains, dès qu'il y en a eu un fort qui a voulu exploiter un faible et dès que le troisième s'est mis entre les deux en disant : « Non. Pas ça, c'est pas juste ! », le Royaume des Cieux était là. Il était là parce que cet homme acceptait de se donner tout entier, ne supportant pas d'être heureux sans les autres, ne supportant pas l'injustice.

Nous sommes le sel de la terre. Sans cette pincée, insignifiante, le repas est insipide. Être le sel de la terre nous donne deux devoirs : ne pas avoir perdu notre saveur et ne pas rester inutilisés dans notre bocal. Si nous assumons ces deux devoirs, c'est l'humanité tout entière qui sera savoureuse et, nous pouvons l'espérer, sauvée. Mais si nous trichons, le sel ne sera plus bon qu'à être jeté et piétiné dans la poussière.

La vie m'a appris...

... que vivre, c'est un peu de temps donné à nos libertés pour apprendre à aimer et se préparer à l'éternelle rencontre avec l'Éternel Amour. Cette certitude-là, je voudrais pouvoir l'offrir en héritage. Elle est la clé de ma vie et de mes actions.

C'est ce que j'ai dit, pendant le festival de Cannes, alors que je participais au Journal de 13 heures, en même temps que Gérard Depardieu, Sandrine Bonnaire et Maurice Pialat, qu'on m'avait présenté comme une « grande gueule et qui bouffait du curé ». Quand j'ai eu fini de parler, Pialat s'est écrié : « Pourquoi ne m'a-t-on pas appris ça quand j'étais enfant ? » Plus tard, il a dit à un journaliste : « J'ai été élevé dans une famille où l'on était croyant, mais mes parents ne me parlaient que de l'enfer, de la peur. Jamais de liberté et d'amour. »

Cette conviction, je l'ai réaffirmée à Alger, lors d'une rencontre où il y avait plus de cinq cents participants, les trois quarts étant musulmans. La réunion terminée, dans la cohue des gamins venus réclamer des autographes, il y avait un groupe d'adolescents qui a attendu que la foule se soit dispersée. Ils se sont approchés :

« Monsieur, est-ce que vous voudriez nous redire, pour qu'on l'écrive, ce que vous avez dit de la vie ? » J'étais bouleversé. Il y avait donc des jeunes, d'une autre culture, d'une autre société, qui se posaient la même question…

Il me faut revenir à ce *Yahvé* – « Je suis » – qui a ancré ma foi et orienté ma vie. C'est intéressant d'observer qu'aucun qualificatif ne peut lui être ajouté sans en réduire la portée. Plus on cherche à en dire, plus on limite. Seul un mot peut lui être ajouté sans le minimiser, c'est celui d'Amour. Dans ce mot se tient toute la Révélation : la raison peut connaître « Je suis », elle ne peut pas apporter la certitude que « Je suis » est Amour.

L'amour, nous le savons, nous l'expérimentons, est diffusif de soi. Il ne consiste pas à prendre… Nous sommes un récipient bien trop petit pour contenir l'Infini. L'amour est extase. Il nous fait être plus, en nous sortant de nous-même. Et l'Infini peut se dire totalement. Or, un artiste qui pourrait tout dire dans une œuvre n'en ferait pas deux. Parce que sa perfection suffit, l'Éternel offre dans le Fils toute sa perfection.

Les théologiens ont péniblement inventé le mot faussement arithmétique, glacial, de Trinité, alors que c'est le Brasier de joie et d'énergie, incessantes. Le Père ne peut pas ne pas être en adoration devant la perfection infinie qu'il voit dans le Fils ; le Fils ne peut pas ne pas être en adoration devant la perfection infinie qui est dans le Père ; et l'Esprit, le « Vent », tel le souffle d'un baiser, selon l'image chère aux mystiques, l'Esprit n'est rien d'autre que le mouvement du Père et du Verbe s'aimant. Il est ce mouvement infini dans l'immuable. C'est la Vie, la vie intime de l'Éternel sur laquelle un petit coin du voile nous est levé pour nous faire percevoir la vie sans fin qui est dans cet éternel Amour.

L'Éternel est Amour. C'est le premier fondement de ma foi.

Le deuxième fondement de ma foi est la certitude d'être aimé.

Et le troisième fondement, c'est la certitude que cette mystérieuse liberté qui est en nous n'a pas d'autre raison d'être que de nous faire capables de répondre par l'amour à l'Amour.

L'éblouissante beauté de la liberté n'est pas qu'elle nous rende libres *de*, mais qu'elle nous rende libres *pour*. Pour aimer et être aimé. Non, l'enfer, ce n'est pas les autres ! L'enfer, c'est la solitude de celui qui s'est voulu absurdement suffisant.

Quand on me pose la question : « Pourquoi venons-nous sur terre ? », je réponds simplement : « Pour apprendre à aimer ! » L'existence de tout le cosmos, dans son incalculable immensité, n'a de sens que parce que, quelque part, il y a des êtres dotés de liberté. L'homme, ce moustique infime, sur une planète minuscule, peut être écrasé par l'univers, mais il est plus grand que l'univers, comme dit Pascal, parce que non seulement il sait qu'il meurt, mais il sait qu'il peut mourir en aimant. Pour que l'Amour soit possible, il ne suffit pas qu'il y ait des montagnes, la mer, des glaciers et des étoiles, il faut qu'il y ait de l'être libre. Et cet être libre a une destinée : « Tu aimeras. » Nous sommes destinés à rencontrer l'Amour dont la faim se fait sentir en creux au-dedans de nous.

La liberté des hommes souvent s'égare. Pourtant, elle ne peut pas être effacée. Même si c'est vrai qu'elle est un peu effrayante, cette liberté ! Heureusement, il y a ce que nous appelons la grâce. Je prends souvent l'image du bateau, notre liberté consistant à tirer sur l'écoute pour tendre la voile… Ça ne suffit pas pour faire avancer le bateau : il faut que le vent souffle. Mais si le vent souffle alors que la voile n'est pas tendue, le bateau n'avancera pas non plus. C'est là que se joue la nécessaire complicité entre notre liberté et la liberté infinie de Dieu.

Je me rends compte en écrivant « Dieu », « Amour » à quel point les mots se fatiguent, s'usent… Hitler n'écrivait-il pas : « Dieu est avec nous » sur le ceinturon des SS… ? Je n'emploie presque jamais le mot « Dieu » sans circonlocution. C'est la même chose pour le mot « amour », qui peut désigner tant de réalités disparates – mère Teresa, l'amour d'un couple ou les activités d'une prostituée… C'est pourquoi je préfère l'expression « l'Éternel qui est Amour ».

Nous pouvons nous poser mille questions : pourquoi tant d'imperfections, de malheurs ? Si nous avons cette certitude que l'Éternel est Amour, que nous sommes aimés, que nous sommes libres pour pouvoir répondre à l'Amour par de l'amour, tout le reste, ce n'est que des « quand même » !

Nuées, même lorsque vous devenez cruelles tempêtes, vous ne pourrez jamais faire nier le soleil.

Les bateaux ont tous un port d'attache

J'aime prier. Il me semble que même mes activités les plus délirantes n'interrompent pas la prière. Mais je ne sais pas demander. Dans le langage commun, on a fini par assimiler prier et mendier : « Mon Dieu, faites que je réussisse mon bac. Mon Dieu, faites qu'elle m'aime ! »

La prière est essentiellement Adoration. Celle d'un être humain qui est blessé par les blessures de l'humanité entière. L'Adoration, ce n'est pas une abstraction : c'est le cri d'une femme, d'un homme qui sont là, avec leur plainte, leur protestation, leur indignation… en même temps qu'avec l'élan de louange au mystérieux Amour que le mal lui-même ne peut mettre en doute.

Ceux qui ont assisté à l'une des messes que je dis chaque jour ont pu remarquer qu'avant le *Confiteor* je préfère dire le *Gloria*. J'ai pris cette habitude après avoir lu ce qu'écrivait un père dominicain : « Cela m'a toujours mis mal à l'aise que l'assemblée eucharistique commence par *Mea culpa*. » Être invité à l'Eucharistie, c'est être invité par quelqu'un de magnifique, de merveilleux. Quelle drôle d'idée d'arriver chez lui en se frappant la poitrine : « Je suis le dernier des derniers »... Arrivons plutôt en disant merci !

Je prie généralement dans la solitude, cette solitude dont j'ai fait l'expérience pendant mes années de vie monastique. Plus tard, lorsque j'ai vécu à Saint-Wandrille, j'ai été dérouté par la longue et magnifique prière collective chantée. J'ai eu le sentiment, au début de mon séjour parmi les bénédictins, qu'ils ne réservaient pas beaucoup de temps à la prière, telle que je la concevais et la vivais. Chaque jour, j'allais dans la crypte, toute petite et si belle. J'ai su plus tard, par le père abbé, que certains moines, pour qui j'étais avant tout un homme d'action, avaient été surpris de me trouver là, passant de longs moments dans l'obscurité muette.

Toute Adoration peut commencer par la prière que Jésus a transmise aux apôtres : « Notre Père qui es aux cieux ». Comme elle garde sa puissance, vingt siècles plus tard, cette image des cieux ! Pourtant, souvenez-vous, quand les premiers cosmonautes soviétiques sont revenus en riant : « Dieu n'existe pas. On a été aux cieux, et on ne l'a pas rencontré ! » Aujourd'hui, nous pouvons méditer cette phrase d'un cosmonaute allemand, Reinhard Furrer : « J'aurais souhaité, après mon retour, que les gens me demandent comment c'était là-haut, comment je m'étais associé à cette noire brillance du monde et quelle impression cela fait d'être comme une étoile tournant autour de la Terre. » Réflexion poignante, et qui marque bien la cassure entre les niveaux de connaissance. « Les cieux », oui, la formule convient parfaitement pour dire ce qu'elle veut dire. Pascal exprime la même chose quand il s'exclame : « Mon Dieu qui êtes d'un autre ordre. » Radicalement autre, échappant à toute limite, à tout calcul, à tout compte.

Il y a sept Paroles dans le Notre Père. Trois exaltent la gloire de Dieu : « Que Ton nom soit sanctifié » ; « Que Ta volonté soit faite » ; « Que Ton règne vienne ». Il n'y a qu'une seule demande : « Donne-nous aujourd'hui notre pain de ce jour. » Le pain, c'est le symbole de tous nos besoins, celui d'être nourri, d'avoir un logis, un travail ; c'est l'évocation de notre détresse d'humain. Après, il y a : « Pardonne-nous… comme nous pardonnons… » Il s'agit là de notre conversion.

Les deux dernières paroles sont plus difficiles à comprendre. Que signifie : « Ne nous soumets pas à la tentation » ? Récemment, à l'un de mes frères qui s'indignait : « C'est blasphémer que de considérer que Dieu peut être tentateur ! », je répondais : « Pour moi, ça signifie : ne nous soumets pas à l'épreuve. »

« Délivre-nous du mal » (ou du malin, le texte original peut avoir ces deux sens), c'est, incessant, le rappel de la plus cruelle des énigmes, celle non seulement de la souffrance, de la torture, de la haine, mais aussi celle du mal qui est en nous et que seul le plus grand Amour peut vaincre.

Est-ce vraiment sage, est-ce que cela correspond à une réalité, de répéter en litanie à la sainte Vierge : « Priez pour nous, pauvres pécheurs… » ? Je ressens cette formule comme presque blessante. Pour Marie, mais aussi pour tous les saints auxquels on s'adresse ainsi. Je les vois tellement unis à l'Amour infini que nos demandes me semblent avoir quelque chose d'offensant. Puisqu'ils sont en divinité, qu'est-ce qu'ils ont à faire d'autre que de nous aimer ! Adorant l'Amour, ils n'ont pas besoin qu'on les en supplie.

Lorsque je réponds à quelqu'un qui m'a écrit : « Priez pour moi », je ne peux pas – non, vraiment, ça ne vient pas –, je ne peux pas écrire : « Je vais prier pour vous. » Alors j'écris : « Je vous garde présent en moi, dans l'effort de chaque jour, pour être, malgré l'âge, servant, offrant, adorant… »

Qu'on ne se méprenne pas cependant : c'est évident que priant dans l'Adoration, je porte avec moi la plainte de celui qui est venu me voir une heure auparavant, de celle dont j'ai lu ce jour-là la lettre angoissée. Je porte aussi la détresse que m'ont montrée les images de la télévision. Je gémis, comme tout le monde. Je dis : « Mon Dieu, au secours ! Venez à leur aide, venez à mon aide ! »

Il y a quelque temps, j'ai redécouvert le dialogue avec l'ange gardien. Oui, ce fameux ange gardien qui, pour moi, avait complètement disparu depuis le temps du catéchisme. En deux circonstances, sans que j'y voie un lien quelconque de cause à effet, après l'appel à l'ange gardien est venue la solution. Certes, quand les solutions nous viennent à l'esprit, c'est qu'on les cherchait depuis longtemps, mais pourquoi sont-elles venues à ce moment-là ? Je n'en sais rien. Et moi qui n'ai aucune image de Dieu, j'ai retrouvé l'émerveillement que j'avais éprouvé, à quatorze ans, devant celle des anges musiciens peints par Melozzo da Forli. Ils sont à la pinacothèque du Vatican. Soixante-dix ans plus tard, comme je viens d'en trouver une reproduction, je l'ai collée là, sur la porte de ma chambre d'Esteville.

Comment expliquer clairement ce qu'est pour moi l'Adoration ? À l'un de mes neveux qui, un jour, me l'avait demandé, je n'ai su que répondre : « C'est comme un éblouissement supportable. » La première fois que je l'ai ressenti, c'était à Assise. J'étais encore collégien lorsque je me suis retrouvé auprès des ruines qui dominent la ville, à la Rocca. Le jour se levait, les arbres commençaient à fleurir. Soudain, de tous les campaniles, de toutes les églises, de toutes les chapelles d'Assise et des villages alentour, les *Angelus* se sont mis à carillonner. Sur mon petit carnet, j'ai écrit :

> Ah ! les cloches de Pâques !
> Mourir en un matin de cloches,
> mourir en l'un de ces matins
> où la terre entière avoue
> tout ce que l'Amour contient…

Cette émotion dont je garde le souvenir si vif s'est trouvée comme fécondée lorsque nous sommes montés, ce même jour, au couvent des Carceri, dans la montagne. Ce qu'on nous a dit alors de saint François, dont j'ignorais à peu près tout, m'a ouvert à l'évidence que l'intensité du dénuement, le dénuement de l'Adoration, peut conduire à l'intensité de l'action en même temps qu'à l'union avec tous les humains du monde.

Aujourd'hui, je sais que jamais je n'aurais supporté les sept années pendant lesquelles j'ai vécu cloîtré si cette double conviction ne m'avait habité : l'éclat de ce mot *Yahvé* – « Je suis » –, la vie est Quelqu'un ; et Quelqu'un aimant. Les deux lumières d'Assise...

L'Adoration est celle de la présence de Dieu dans le tabernacle. Il n'existe nulle part au monde un bateau qui n'ait son port d'attache ; et le tabernacle, c'est ça : le port d'où l'on part et vers où l'on revient.

Une rencontre longtemps retardée

Je vis dans l'impatience de la mort. Ces jours-ci, l'idée de ma mort devient très précise et, fréquemment, je rouvre le dossier de mon testament, pour le relire et pour y ajouter un nouveau petit papier. Récemment, le médecin m'a dit : « Il n'y a pas de raison que vous ne viviez pas encore plus vieux que monsieur Pinay. » Je suis reparti avec un cafard monstre : sans blague, il faut encore tirer la charrette pendant tout ce temps !

Je vis depuis toujours dans cette impatience. À Lyon, la coutume veut que l'on célèbre la fête de l'Immaculée Conception, le 8 décembre, en installant partout aux fenêtres des maisons des milliers de bougies qui éclairent la ville pendant toute la nuit. Une année, je devais avoir neuf ou dix ans, j'avais tellement demandé de mourir que j'étais persuadé que la Sainte Vierge allait venir me chercher ce jour-là. Et puis rien : je n'avais pas reçu la moindre cheminée sur la tête, aucune voiture ne m'avait renversé, et je me suis endormi en larmes parce que j'étais toujours là, à me traîner sur la terre.

Les jolies lumières lyonnaises du 8 décembre réveillent toujours en moi le gosse désespéré de ne pas être mort. Ce n'est pas quelque chose de morbide. C'est la soif de plein soleil et d'eau claire.

Dans la famille, on me blague encore à propos de ma première rencontre avec la mort. Ce fut celle de mon grand-père. Il était à lui seul toute son époque : patron d'une fabrique de mousseline à Tarare, il prétendait que les choses marchaient tellement bien que son associé et lui passaient la plus grande partie de leur temps à se raconter des histoires de chasse ! Je n'ai jamais su s'ils étaient de bons patrons et s'ils payaient bien les ouvriers… En tout cas, je l'aimais bien, ce grand-père. On lui avait défendu de fumer et ma grand-mère y veillait jalousement, mais il m'entraînait avec lui – j'étais alors tout gamin – et annonçait à la cantonade : « Je vais faire un tour place Bellecour » et, hop, aussitôt dehors, il entrait m'acheter un gâteau dans une pâtisserie puis m'emmenait dans le bureau de tabac voisin d'où il ressortait avec un bon cigare : « Tu ne diras rien à Grand-Mère », me disait-il, et nous étions complices.

Voilà qu'il meurt et on me dit : « Grand-Père est parti chez le Bon Dieu. » Bien. Et on me dit aussi de venir l'embrasser ! Là, je n'ai pas compris : « S'il est ici, il n'est pas chez le Bon Dieu… Et pourquoi vous faites tous cette tête-là puisqu'il est chez le Bon Dieu ? Il était gentil, Grand-Père. Il est sûrement bien reçu au ciel. Il sera mieux que chez nous, et n'aura plus mal aux dents ! »

Depuis ce jour-là, la mort – celle des autres, la mienne – signifie pour moi qu'ils sont ailleurs, que je serai ailleurs. Jamais je n'ai éprouvé un sentiment d'anéantissement. J'ai eu le privilège, rare, d'être seul, auprès de mon père, de ma mère, et plus tard de Mademoiselle Coutaz, dans leurs derniers moments, leur tenant la main, sentant leur pouls jusqu'à l'ultime battement de leur cœur. Ni pour mon père, ni pour ma mère, ni pour Mademoiselle Coutaz, je n'ai versé une larme. Ils sont morts, oui, « ils sont ailleurs ». C'est comme si on m'avait dit : « Ils sont partis sur la côte d'Azur. »

L'absence de ceux que l'on a aimés est, je le sais, douloureuse, mais je la vis de manière tout à fait particulière. Peut-être parce que, entré à dix-neuf ans au couvent, j'ai vécu pendant sept ans dans l'absence des miens. Et puis la Providence m'a épargné les morts intimes, les morts atroces. Pourtant, j'ai vu mourir beaucoup de gens, j'ai assisté des blessés, accompagné des mourants, mais je n'ai pas connu l'horreur vécue par les prisonniers dans les camps, ni l'enfer des combattants sous la mitraille.

Les morts dont j'ai été témoin m'ont toujours paru être un moment d'accomplissement : celui où Dieu cueillait sa fleur. C'est exactement ce que j'ai ressenti pour Mademoiselle Coutaz. Nous travaillions ensemble depuis trente-six ans quand elle a eu son attaque cérébrale à l'âge de quatre-vingts ans. Dès lors, elle a vécu immobile, mais pas inactive : elle ne savait pas ne rien faire ! Pendant trois années, elle a classé méthodiquement des timbres que j'achetais par cinquante kilos. Et moi, j'ai passé mes soirées auprès d'elle à faire des petits paquets de cinquante ou cent timbres que j'entourais avec du fil. Ou plutôt, j'essayais : une fois sur deux, je ratais mon coup ! Ainsi, j'ai vécu tout proche de la mort imminente et je n'en éprouvais aucune angoisse, tellement je savais que sa pensée, en cela, était semblable à la mienne.

Souvent je pense à la mort. Je comprends d'ailleurs que certains croient à la réincarnation. Ça ne me paraît pas scandaleux, même si ça me semble superflu, ne serait-ce qu'en vertu d'un vieux principe de philosophie qui dit : « Il ne faut pas multiplier les réalités sans nécessité. » L'Être est nécessaire, bien sûr, mais n'en inventons pas inutilement. Cette réflexion me rappelle la question d'une journaliste : « Et si vous aviez à nouveau quarante ans ? » J'ai ri : « Madame, une fois, ça suffit ! » Pour ce qui est de la réincarnation, je n'y vois vraiment aucune nécessité et je n'ai aucun désir de « remettre ça ».

Nombreux sont ceux qui vivent la mort comme une séparation. Oui, c'est une séparation pour nous, qui restons. Mais pour celui qui vient de mourir, il va connaître la rencontre la plus fantastique que l'on puisse imaginer : la rencontre avec Dieu et, en même temps – je ne sais pas de quelle manière, mais je suis convaincu que c'est en même temps –, la rencontre avec les quelque quatre-vingt-dix milliards d'êtres humains qui ont vécu avant nous. Depuis que je sais qu'on a identifié des milliards de galaxies avec chacune plus de deux milliards de soleils, la quantité ne me pose plus problème !

C'est en toute sérénité que je pense à la mort. J'avais pris l'habitude de dire, avec un ami qui était en train de mourir, « Je vous salue Marie » en remplaçant les derniers mots « maintenant et à l'heure de notre mort » par « maintenant et à l'heure de la rencontre ». J'ai raconté ça à une journaliste et j'ai reçu une lettre d'engueulade d'un vieux prêtre qui avait lu son article : « Quel culot d'oser parler de la rencontre ! Comme si vous étiez sûr que ça se passe bien. » J'aurais dû lui répondre : « Que ça se passe bien ou pas, c'est la rencontre, de toute façon ! »

Vivants, nous vivons entourés d'ombres. Nous voulons connaître, nous voulons aimer, nous voulons, nous voulons… et sans cesse nous sommes confrontés à nos limites. Après la mort nous sommes dans ce que j'appelle « le toujours de l'au-delà du temps ».

Je ne sais que penser de l'impensable enfer. Il n'y a jamais eu de déclaration de l'Église, même à propos de Judas, sur la damnation. Pour moi, être damné, ce n'est pas subir la sanction d'un jugement, c'est, sortant de l'ombre, se voir tel qu'on est fait. « Tu t'es voulu "suffisant". Eh bien, puisque tu as voulu te suffire, suffis-toi à toi-même à jamais. »

La mort, c'est la rencontre prodigieuse, éblouissante, de l'Infini, de l'Éternel, de l'Amour. Alors qu'à tout amour humain est mêlée la souffrance de savoir que, voulant se donner, on ne se donne jamais en plénitude et, voulant recevoir, on ne connaît jamais l'aimé en plénitude. On ne peut jamais vraiment se faire connaître, ni connaître absolument. Il reste toujours de l'ineffable, de l'inexprimable, une part qui est indicible et qu'on ne peut atteindre. Avec la mort, celui qui nous quitte va commencer à nous connaître, dans le plus intime de nous-même, à travers la connaissance que Dieu a de nous.

Alors vous comprenez, je pense, mon impatience. Même si j'ai des remords et des regrets, je n'ai pas peur de mourir. Lors de mon naufrage dans le Rio de la Plata, dès la première seconde où j'ai été dans le fleuve, je me suis abandonné, comme un enfant, avec une sérénité extraordinaire, l'âme remplie par une pensée unique : quand on a mis sa main dans la main des pauvres, on trouve la main de Dieu dans son autre main. Depuis ce jour, je sais que la mort est un rendez-vous longtemps retardé avec un ami. L'attente comblée.

Le troisième secret de Fatima

L'Église catholique porte en elle une sorte de malédiction, de malheur : elle n'est toujours pas guérie des conséquences de l'édit de Milan (313), lorsque Constantin a décidé de mettre fin aux persécutions. L'empereur romain, en effet, ne s'est pas converti à ce moment-là, car il voulait garder les mains libres pour assassiner ses adversaires. Il ne demanda le baptême que sur son lit de mort. Pourtant, c'est lui, et non le pape, qui a convoqué le grand, le très grand concile de Nicée, en 325. Il avait pris conscience que les vertus sur lesquelles reposait l'empire s'évanouissaient (les familles n'avaient plus d'enfants, l'armée n'était plus composée que de mercenaires, etc.) en même temps qu'il avait perçu les immenses ressources d'énergie, de mérites de ce peuple chrétien – patriciens et esclaves mêlés – qui acceptait le martyre parce qu'il croyait en des valeurs nouvelles.

Après Constantin, tous les peuples de son empire sont devenus chrétiens, ce qui a fait dire qu'il est l'apôtre qui a converti le plus de monde ! En fait, c'est que tout simplement la foi du prince – et il en a peut-être toujours été ainsi – était la foi du peuple. C'est alors qu'a commencé une des grandes plaies dont l'Église romaine et toutes les Églises, ou presque, ne sont pas encore guéries : la misère des privilèges. De ces privilèges – et de cette misère – il est resté, encore de nos jours, des traces surprenantes : prenez la tiare, cette coiffure absurde avec ses trois couronnes… Il a fallu attendre Paul VI pour nous en débarrasser. Il est allé la déposer sur l'autel : « C'est trop lourd pour ma tête, mettez ça au musée ». Tout comme il a voulu que le souverain pontife soit débarrassé de la *sedia* – cette chaise triomphale sur laquelle le pape était porté à dos d'hommes au cours des grandes cérémonies : « Je suis bien trop lourd, mettez ça au musée. »

J'attends avec impatience le jour où disparaîtra la mitre dont sont toujours coiffés pape, évêques et abbés ! N'est-elle pas le rappel de ces époques de honteux marchandages, quand une grande partie du produit du travail des moines – et du peuple – était remise à un abbé devenu ecclésiastique parce que papa lui avait acheté un bénéfice ?

Lors du dernier synode, nous regardions ici, à la télévision, le cortège des évêques traverser la place Saint-Pierre. On avait posé des mitres gigantesques sur les têtes de cardinaux tout petits : ça a été l'éclat de rire général parmi les compagnons.

À ce propos me revient la réflexion d'un avocat indien, chrétien. Nous avions été invités par Nehru à Nagpur où se réunissait le parti du Congrès. Je logeais chez l'archevêque et cet avocat était venu nous chercher pour nous conduire au palais du gouverneur de la province. La porte du bureau de l'archevêque était restée ouverte et nous pouvions le voir se préparer. À l'époque, il y avait encore la traîne. Et l'avocat s'est exclamé : « Mon père, à quoi pense-t-il ! Chez nous, il n'y a que les domestiques qu'on habille ainsi. Nehru, chef de cinq cents millions d'Indiens, s'habille comme tout le monde. »

Quand Mgr Roncalli – que je voyais beaucoup lorsqu'il était nonce à Paris, à l'époque où j'étais député – est devenu le pape Jean XXIII et qu'il a pris la décision de convoquer le concile Vatican II, il a dit à l'un de mes amis : « Nous allons assister à la clôture de l'ère constantinienne. » Il voulait dire qu'il fallait en finir avec la confusion entre les signes et parfois les réalités du pouvoir spirituel et ceux du pouvoir temporel. Les prêtres ont été des seigneurs, les évêques ont été des princes, les papes ont été des rois et des chefs de guerre. Savez-vous qu'en Italie, dans les années soixante, la carte du vote communiste recouvrait celle des anciens États pontificaux ? L'usage du pouvoir spirituel à des fins matérielles a conduit à l'anticléricalisme le plus radical, à la détestation de la foi. Pour la France, la séparation de l'Église et de l'État a mis dans la pauvreté beaucoup de prêtres, mais au Vatican, où, certes, il y a moins d'argent, pourquoi s'obstiner à des manières de faire qui font croire que subsistent les richesses perdues ?

J'ai lu un jour un document révélateur de ces confusions. Ça devait être en 1988. Un cardinal africain y expliquait pourquoi il venait de renvoyer cinquante séminaristes : ces étudiants en théologie s'étaient mis en grève parce qu'on leur servait au séminaire la nourriture de leur pays et non celle des Européens. Celle-ci leur apparaissait comme un des privilèges auxquels, devenus clercs, ils avaient droit !

Je suis sûr que l'avenir de l'Église ne sera pas dans la continuité de ce qu'elle a été, de ce qu'elle est encore, dans les apparences de la richesse. Oserai-je ajouter que je suis aujourd'hui persuadé que le troisième secret de Fatima annonce à ce sujet des temps où l'Église sera contrainte à être vraie, à être fidèle à la doctrine de l'Évangile ?

On a toujours refusé de divulguer ce troisième secret. Je suis convaincu qu'il annonce la dislocation de cette carapace qui emprisonne l'Église et sous laquelle l'Évangile est métamorphosé en droit canon ! Que celui-ci soit indispensable, je veux bien. Mais qu'on ne prétende pas apporter réponse à tout avec des articles 53, 114 *bis*, 250 *ter*, que sais-je encore... D'autant que, souvent, ils sont promulgués uniquement parce qu'ils correspondent à la personnalité, au tempérament de tel ou tel pape – dont je ne mets d'ailleurs nullement en cause la foi et la ferveur.

Parfois, je me demande ce que signifie l'extraordinaire énergie dépensée par le pape actuel qui s'en va à travers le monde entier pour rendre présent le message, au risque, parfois, de se trouver au coude à coude et de serrer la main de ceux qui se sont scandaleusement enrichis, ou qui ont fait tuer tant d'innocents dans leur pays. Sans compter que la visite du témoin de Jésus charpentier suscite un étalage de luxe qu'aucun grand chef politique n'oserait espérer.

Mais je suis certain que survivra le message, même si se disloque la carapace. À travers toutes ces péripéties, Dieu n'est-il pas toujours gagnant ?

Du neuf, du concret, du réel

Ce n'est pas pensable que l'Évangile disparaisse avant la fin du monde, dans des cérémonies royales. Je rêve du jour où, la raison l'emportant, les musées du Vatican seront confiés à l'Unesco. C'est un trésor de l'humanité, pas un trésor de l'Église !

L'Église a d'autres chats à fouetter.

Autrefois, les fidèles avalaient tout cuit ce qu'elle préconisait. On faisait (?) ce que disait Monsieur le Curé dans son sermon du dimanche. Aujourd'hui, les gens veulent du neuf, du concret, du réel pour remplacer ce qui ne colle plus avec ce qu'ils savent, avec ce qu'ils sont. Car trop souvent, ils ont le sentiment d'être ignorés – est-ce par étourderie, est-ce par mépris ? – dans leurs interrogations.

Je comprends le succès des livres de Drewermann. Certes, j'ai des réserves à exprimer sur plus d'un point, mais sur d'autres je me réjouis.

Que Drewermann dise : ne nous embêtez pas avec des questions si peu liées à la Révélation, si peu fondamentales de la foi, je le comprends. Qu'il simplifie, qu'il débrouille l'expression et l'intelligence des grands mystères essentiels, à cela je dis bravo, même si je souhaite qu'il ne s'éparpille pas.

Je sais que bien des femmes et bien des hommes autour de moi souffrent d'un certain langage de l'Église sur les complexités de la vie morale. En lisant un texte très intéressant du cardinal Ratzinger où il précisait : « Jusqu'à présent, le magistère n'a encore rien dit d'utile au sujet de l'explosion démographique », je me suis dit : « Mon Dieu, merci qu'il en ait été ainsi ! » Au moins, sur ce sujet, nous n'aurons pas de propos ignorant les connaissances scientifiques et qui prépareraient un nouveau procès Galilée !

Face à l'explosion démographique, on n'échappera pas à la nécessité de moyens anticonceptionnels. À ce sujet, me revient à l'esprit une conversation que j'ai eue dans les années soixante avec le cardinal Tisserant qui me demandait :

« Êtes-vous au courant des travaux américains sur l'utilisation d'une plante bien connue des Portoricains pour la limitation du nombre des naissances ?

– Pas du tout.

– N'est-ce pas miraculeux qu'au moment où se pose à l'humanité un problème aussi gigantesque, Dieu fasse découvrir ce produit contraceptif et qu'on travaille pour le fabriquer en laboratoire ! »

Et il me donna une grande bourrade – c'était un costaud, le cardinal ! – avant de m'emmener visiter les logements qu'il était en train de faire bâtir autour de Rome pour des familles de dix, onze enfants. Puis, avec une autre bourrade, il conclut : « Qu'est-ce que nos moralistes vont encore inventer pour nous dire que c'est mal ? »

Un jour l'un de mes frères a eu un entretien avec un évêque au sujet d'un ménage chrétien sans beaucoup de ressources, pour qui l'arrivée d'un troisième enfant aurait été catastrophique. Et l'évêque lui a dit : « Est-ce à l'évêque que vous vous adressez ou au directeur de conscience ? Si c'est à l'évêque, je me dois de rappeler ce que l'Évangile nous présente comme appel à la perfection et qui peut comporter une part d'héroïsme, etc. Si vous vous adressez au directeur de conscience, alors je dois examiner les conditions d'existence de ces personnes, et les inviter à maintenir le sens de la procréation en soi, de la naissance en soi, mais je n'hésiterais pas à leur dire : "Recourez, sans vous culpabiliser, à des moyens anticonceptionnels, car votre premier devoir, c'est de maintenir la cohésion de votre ménage." »

Sur le coup, ça m'avait beaucoup choqué, comme une duplicité. Et puis, en y réfléchissant, j'ai pensé que cet évêque avait vraiment fait ce qu'il devait faire : distinguer entre l'héroïsme de la perfection et l'humainement possible.

C'est d'ailleurs la réponse que j'ai faite quand on m'a interrogé pour la première fois sur le sida, et cette réponse, qui a d'abord paru audacieuse, était reprise deux jours après par le cardinal à Paris, puis par *l'Osservatore Romano*. Pour répondre au journaliste, j'avais demandé du temps, puis je lui ai envoyé un télégramme où je disais : « L'Église, les évêques, les prêtres ont le devoir d'exposer l'appel à la perfection que demande l'Évangile, que ce soit dans la vie conjugale ou dans la vie de célibataire. Mais nous sommes tous fragiles. S'il arrive que nous fautions, n'ajoutons pas le crime à la faute. Celui qui, dans la faute, se ficherait pas mal du risque de contamination et n'userait pas de préservatif, celui-là serait un criminel. » Toutefois, le préservatif parfait, n'est-ce pas la fidélité ?

Pour en revenir à la limitation des naissances, elle ne rend pas le mariage sans objet. Demeure en effet le soutien mutuel des époux qui est, nous le savons, autant une fin au mariage que la procréation.

Encore une fois, l'Église a d'autres chats à fouetter que de légiférer au nom de valeurs désuètes. L'un des buts de l'Église, c'est de nourrir la foi. Et pour cela, le moyen le plus assuré aujourd'hui ne serait-il pas de convoquer le peuple tout entier à trois ou quatre assemblées chaque année ? N'est-ce pas plus revigorant pour la vie intérieure des jeunes que de les obliger à assister tous les dimanches matin à quelque chose qui leur paraît artificiel ? Aller aujourd'hui à la messe pour y retrouver quelques vieilles femmes, en quoi est-ce ressourçant ?

La participation à la messe du dimanche n'est pas une prescription du Christ. Ce n'est que l'une de ces règles que l'Église, petit à petit, a établies. Souvenons-nous que le mot « église » ne veut pas dire « communauté » (sous-entendu « d'intérêts ») ; il veut dire « assemblée » : réunion de personnes pour un motif commun. Il est indispensable qu'il y ait des assemblées, vivantes, comme celle à laquelle j'ai assisté il y a trois ou quatre ans, dans le Sud-Ouest. L'eucharistie y a été extraordinaire, véritablement créatrice de joie et d'enthousiasme. Le but était atteint.

Oui, il importe de savoir quel est le but poursuivi. Quand Jésus parle du jugement dernier, il dit : « J'avais faim, j'avais froid, j'étais nu, j'étais emprisonné. » Il ne dit pas un mot sur les sacrements, pas un mot sur les vertus, mais il dit : tu as partagé ou tu n'as pas partagé ? C'est sur cela que tu es jugé. Ça ne veut pas dire que les sacrements, les vertus sont inutiles ; mais ce ne sont que des moyens pour apprendre à aimer, le but étant : tu aimeras. Voilà qu'on a donné aux moyens autant d'importance qu'au but, et même, on s'est davantage soucié de voir respectés les moyens !

La crosse et la mitre signifient le contraire de l'Évangile. Je sais bien que les signes sont nécessaires. Regardez la croix de Jean-Paul II, si belle, si haute ; ce Christ, si grand dans sa douleur qu'il permet, où qu'il soit dans une assemblée, de savoir où est le prélat… Ce n'est plus la crosse, symbole d'une autorité qui punit, c'est la croix, sur laquelle d'ailleurs le pape s'appuie quand il est las.

Les symboles, les vrais symboles sont nécessaires. De ce point de vue, le concile Vatican II n'a pas été l'*aggiornamento* que Jean XXIII aurait souhaité qu'il fût. La nouvelle liturgie a dérouté bon nombre de chrétiens d'une certaine génération ; ils se sont trouvés démunis pour transmettre leur foi aux plus jeunes. Pour les gosses, par exemple, on n'a pas remplacé ce plaisir qu'avait pu être, pour certains, la jolie soutane des enfants de chœur…

Et le vin, vrai symbole, dans nos pays ? Quel sens peut-il avoir chez les Eskimos qui n'ont jamais vu une vigne ? Faut-il faire venir du vin de Bordeaux au Groenland ou en Afrique pour y célébrer la messe ?

Les rites fondamentaux – la consécration, l'élévation – sont très simples. Il est bon qu'ils soient assortis d'une explication théologique, mais, par eux-mêmes, ils sont parlants. Avec l'Eucharistie, le sacrifice est offert à partir de ce qui est le plus élémentaire : le vin, le pain. Jésus a consacré ce qui était là, sur la table. Aujourd'hui, il faut inventer. Fini le temps où la foi, c'était ce qui se faisait : il y avait une pratique religieuse, comme il y avait une manière de s'habiller, de se tenir en société. Pour beaucoup, la foi se confondait avec la coutume.

Fini aussi le temps de l'anticléricalisme actif. La guerre de 14-18 y a grandement contribué avec la présence de prêtres parmi les soldats, alors qu'ils auraient pu se planquer, puis la Résistance où se sont trouvés ensemble, risquant leur vie pour la liberté de tous, « celui qui croyait au ciel et celui qui n'y croyait pas ».

Aujourd'hui, les questions : Qui sommes-nous ? D'où venons-nous ? Où allons-nous ? n'ont plus de réponses toutes faites. La pratique d'habitude est morte. D'autant plus passionnée et personnelle est pour chaque humain la recherche.

Tout porte à croire qu'une véritable religion va renaître pour l'homme, non pas intégriste mais intégrée.

Si l'Église veut être croyable

Un jeune évêque me disait récemment : « Vous avez de la chance d'avoir de fréquents contacts avec les médias ; mieux : d'être sollicité par eux. Je vous en prie, dites-leur qu'ils ne traitent pas bien l'Église. » Et je lui ai répondu : « Pensez, mon père, qu'un journaliste est jugé sur le taux d'écoute de son émission ou sur la vente de son journal... S'il annonce que vous, jeune évêque totalement inconnu, vous allez parler, il aura un taux d'écoute zéro ; celui qui vous aura programmé se fera houspiller, et s'il fait deux ou trois "erreurs" de ce genre, il sera viré. Mais si le journaliste fait appel à mère Teresa ou à sœur Emmanuelle, c'est-à-dire à quelqu'un qui s'est mouillé, quelqu'un qui prend des risques, là, il aura une bonne écoute ! »

Souvent, quand j'accepte – une fois de plus – de participer à une émission ou de répondre à une interview, on me dit : « Ça suffit, envoyez-les promener. » Je ne le fais pas parce que je pense à une parole de Jean XXIII que m'a rapportée le général Vanier (le père du fondateur des communautés de l'Arche, chez qui j'ai été hébergé à Alger lorsque j'y suis venu rejoindre de

Gaulle après mon évasion). Le pape, heureux de le voir, lui avait dit : « Pendant une audience ordinaire il y a trop peu de temps... Venez demain matin servir la messe dans la chapelle privée... après on pourra causer. » Pendant qu'ils prennent leur petit déjeuner en tête à tête, le secrétaire du pape lui apporte son agenda, et le général, effaré par tout ce qui était prévu pour cette seule journée, s'exclame : « Mais, Saint Père, c'est écrasant ! ». Et Jean XXIII de lui répondre : « Le pape ne doit-il pas être une source à laquelle tout le monde puisse venir boire ? » Et il ajoute, lui montrant des photographies : « *Mamma mia e tutta la mia famiglia.* Regardez bien, je suis toujours le pauvre Roncalli, mais je n'ai jamais vécu plus grande paix intérieure que depuis que je porte ce fardeau. » Belle réflexion, typique de ce qu'était « le bon pape Jean », et éclairante sur la conscience de la responsabilité du pape, de l'Église...

J'ai entendu quelqu'un dire un jour : « À moi, qui ne suis pas croyant, la manière dont tu vis peut donner envie que la foi soit vraie. » La contagion commence par là.

On se souvient que, dans les années cinquante, dans les premiers temps d'Emmaüs, il nous a fallu construire dans l'urgence des logements pour les familles sans abri. Nous travaillions sans relâche, même le dimanche bien entendu. Et voilà qu'un samedi soir, nous sommes en panne de parpaings. Comment faire ? Tout était fermé. « Il y a un type qui en fabrique, pas loin, me dit-on. Il en a toujours devant chez lui, mais prenez garde, il bouffe du curé. » Bon. J'y vais. Il me fait servir à boire et me dit – je l'entends encore – : « Vous êtes le premier curé que je laisse entrer chez moi. » Et il poursuit, tapant du poing sur la table : « C'est pas possible que ce soit comme ils font ! » (il n'a pas dit : comme ils disent !). Il me raconte alors comment un patron du coin, injuste avec son personnel, menant une vie scandaleuse, avait eu des funérailles somptueuses auxquelles assistaient de nombreux prêtres, et même l'évêque : tout ça parce qu'il donnait pour le séminaire ou quelque chose comme ça. Et puis comment, quelques jours plus tard, pour une petite vieille aimée de tout le quartier, en trois coups de goupillon, l'affaire avait été réglée. « Ça ne peut pas être comme ils font », me dit-il à nouveau en me donnant les parpaings. Et d'ajouter : « Non, je ne veux pas que vous les payiez » ; et alors que je remonte dans la camionnette, il me tape sur l'épaule : « Monsieur le curé, je ne sais pas si le Bon Dieu existe, mais je suis sûr que, s'il existe, il est ce que vous faites. »

Le prêtre de demain devra être agent de contagion. Pour moi, il a charge de faire advenir l'Eucharistie du monde. « Eucharistie », ça veut dire « merci ». Le prêtre doit être l'animateur qui fera jaillir un chant de « mercis » de la création vers le Créateur. Je disais à nos amis d'Emmaüs de Buenos Aires, après le naufrage de 1963 : « Mon Dieu, pourquoi tant de souffrances sur tant de gens ? Oh, alors comme sont nécessaires les prêtres au sens absolu du mot : capables de donner, en même temps que toute la connaissance de la parole de Dieu, tout le débordement, tout le ruissellement des grâces à travers tous les sacrements, l'Eucharistie par-dessus tout. »

C'est pendant les moments terribles, comme celui de ce naufrage où tant ont péri, que l'on voit avec évidence, de manière poignante, la nécessité et la grandeur du sacerdoce, la fonction de celui qui est là pour ça : assumer toute cette souffrance et faire qu'elle prenne un sens par l'offrande. Il y a une mystique sacerdotale, d'ordre fondamental, naturel, nécessaire.

C'est toujours intéressant de se rappeler comment les choses ont commencé pour les prêtres : Jésus a expressément donné mission à ceux qu'il appelait de rendre croyable que l'Éternel est Amour. Le prêtre est le successeur de ceux qui ont été choisis alors. Prêtre, ça veut dire « ancien », « vieux » ; saint Paul réunissait les anciens… Et, petit à petit, on a consacré, comme des anciens, les jeunes. J'ai lu qu'un pape des premiers temps de l'Église blâmait les prêtres qui réclamaient un vêtement particulier : « Pour qui se prennent-ils ? Ils veulent donc être au-dessus des autres ! »

Le cardinal Etchegaray raconte : « Un jour, à Marseille, sortant d'un magasin, je trouve dans mon sac un billet : "Vous êtes le sel de la terre… le sel s'affadit…" Je l'ai pris d'abord pour moi-même. Le lendemain, il se trouvait que j'ordonnais un prêtre pour le service du diocèse. Geste non prévu par le rituel, je lui ai passé discrètement le billet : "Tiens, voilà, c'est autant pour toi que pour moi." »

Maurice Clavel le rappelle aussi, à sa manière : « On n'a pas besoin d'un prêtre parce qu'on a besoin d'un homme de plus. On a besoin qu'il soit autre chose ! »

Car ce que l'Église – j'y reviens – doit faire connaître au monde, c'est : « L'Infini est Amour. » Ne soyons pas étonnés que le monde n'accepte de l'entendre que par des exemples ! Et pas par les mots des intellectuels, des doctrinaires, des prédicateurs !

Encore aujourd'hui, il y a trop de vies de prêtres vécues dans l'irréalisme. Même si personne n'est dupe, la jeunesse, elle, est exigeante : elle veut que la vie soit vraie. Je connais bien la cordillère des Andes. Il n'y a pas si longtemps, il fallait, pour aller d'un village à un autre, descendre vers la mer et remonter par une autre vallée pour, après des heures, voire des jours, rencontrer un confrère… Il n'y a quasiment pas un prêtre de village qui ne vive en concubinage. Sinon, ce ne serait tout simplement pas vivable. Quand un étranger arrive au village, on lui dit : « Cette dame-là, c'est la dame du prêtre, alors il ne faut pas y toucher. » Mais le jour où l'évêque vient visiter la paroisse, même s'il connaît la situation, Madame se cache.

Sans doute existe-t-il toujours des vocations. Encore faudrait-il leur donner les moyens de leurs engagements. Il faudrait offrir aux futurs prêtres le support d'une vie communautaire, avec la possibilité d'avoir du temps pour la prière, le ressourcement ; il faudrait leur donner les moyens d'une hygiène spirituelle et mentale.

Le prêtre devrait pouvoir compter sur le soutien de la communauté vivante des fidèles. Je préfère parler des fidèles parce qu'une trop grande coupure s'est faite entre les clercs et les laïcs : c'est pourtant le même peuple, chacun ayant des missions particulières, celles de curé, mère de famille, célibataire, etc.

Partout dans le monde, des évêques me disent : « Vos communautés Emmaüs sont un merveilleux préliminaire à la foi. » Et toujours je réponds : « Elles sont préliminaires ET complémentaires. » Que des hommes acceptent de travailler pour donner aux autres le bénéfice de leur travail et non pour s'enrichir, sans doute est-ce une excellente manière de préparer le terrain pour que la parole de Dieu puisse germer en eux. Mais, surtout, le mouvement Emmaüs – qui n'est pas confessionnel – bouscule les « braves gens » qui laissent crever des hommes à côté d'eux sans s'en rendre compte – bien qu'ils soient, comme on dit, impeccables pratiquants – laissant ainsi se maintenir politiquement un ordre injuste dont ils sont bénéficiaires.

Mgr de Souza, archevêque du Bénin, nous a écrit de Rome : « Je suis encore sous l'émotion de ce que j'ai vécu en dix jours avec les communautés Emmaüs. J'ai appris que l'homme, quel qu'il soit, demeure capable de grandes choses. À ceux que j'ai rencontrés ici, dans les congrégations romaines, j'ai parlé longuement de cette expérience enrichissante. Certains ouvraient de grands yeux et n'en croyaient pas leurs oreilles. Comme je souhaiterais que beaucoup de prêtres et d'évêques fassent la même expérience ! »

L'enthousiasme de Mgr de Souza répond, comme en écho, à la prière que je formulais il y a trente ans : « À travers le monde, l'humanité qui souffre a soif de cette transfiguration de sa souffrance que le sacerdoce peut lui apporter. Mais à la condition qu'il s'agisse de vrais prêtres, de prêtres profondément évangéliques. Oh ! que vienne le temps où les paroisses, les diocèses, l'Église seront la communauté tout entière tendue vers le service premier des plus faibles, des plus petits. »

Oui, que vienne le temps où chacun saura que vivre, c'est aimer, et qu'aimer, c'est servir en premier le plus souffrant. Emmaüs fait entendre partout cet appel.

L'étincelle Emmaüs

Aujourd'hui, Emmaüs, c'est trois cent cinquante groupes dans trente-sept pays, cent quatre communautés en France avec près de quatre mille personnes, plus une cinquantaine de comités actifs sans communauté. Tout cela est organisé à travers le monde partagé en grandes régions. En outre, un « manifeste universel d'Emmaüs », des statuts d'Organisation non gouvernementale (ONG) ont été rédigés, discutés, publiés.

J'aime dire maintenant : « Mes enfants sont établis. Je ne suis que le grand-père. »

Ce que j'écrivais en 1957 dans la revue *Faims et soifs* pourrait être daté d'aujourd'hui : « Emmaüs a pris l'ampleur d'un arbre immense, dont bientôt les branches ont ployé sous le trop lourd fardeau des fruits, puis, tombant et s'enracinant à leur tour, nombre de ces fruits ont fait et font chaque jour se multiplier d'autres arbres, en toutes sortes de lieux, en France et dans d'autres pays, sous toutes sortes de formes. La forêt est tout entière communion et contradictions, enchevêtrements et heurts des racines et des ramures. »

Car, bien entendu, dès qu'il y a eu plus d'une communauté, Emmaüs, ça a consisté à faire marcher une charrette avec, dans les mêmes brancards, une vache et un tigre. Et c'est chacun son tour qui fait la vache ! Des affrontements, des injustices peuvent survenir. On a connu des heures de conflits douloureux au cours desquels les plus généreux se sont vus menacés d'excommunication parce qu'ils avaient pris des risques. Ce ne sont pas des personnalités banales qui peuvent être responsables de communautés ! Ce n'est donc pas étonnant qu'il y ait des frictions. À Emmaüs, comme partout, il a bien fallu une organisation, des règles, une discipline.

Albert Schweitzer, que j'ai rencontré bien des fois, n'était pas d'accord. J'ai reçu de lui une longue lettre à ce sujet. Je l'ai conservée. Elle est écrite au crayon et commence ainsi : « Je t'écris d'une pirogue sur l'Ogowé… » En substance, il me disait : fais ce que tu as à faire, mais surtout n'organise pas ! Que lui répondre ? Jamais je n'avais pensé à ce qui s'établissait chez nous en termes d'organisation. C'est à mesure que se multipliaient les groupes sur tous les continents qu'elle naissait, cette organisation. Vivante, dénuée de tout bureaucratisme. Elle a existé parce que ceux qui portaient de si lourdes et difficiles responsabilités avaient besoin de se rencontrer, de mettre en commun la diversité de leurs expériences. Comment a-t-on réussi à marcher du même pas tout en laissant naître les initiatives et s'exprimer la multiplicité des tempéraments ? Et en n'oubliant jamais que la base est et reste la communauté des compagnons travaillant pour gagner de quoi vivre… et pour donner.

J'ai connu des jours de joie merveilleuse au milieu des communautés : en France, au Chili, au Japon, en Uruguay… Partout, volontaires et amis d'Emmaüs travaillaient avec des jeunes des quartiers défavorisés ou avec des hommes cabossés par la vie. Ils ne travaillaient plus pour un misérable salaire ni pour produire de quoi améliorer encore la condition de vie des nantis. Dorénavant, ces pauvres et ces « déclassés », que les gens distingués ont vite fait de qualifier de paresseux, voyaient l'utilité directe de leur travail.

C'est cette foi dans les « possibles » de chaque homme, et la volonté d'aider chacun à construire sa dignité, qui ont fondé les premières règles des Chiffonniers :

1. Jamais nous n'accepterons que notre subsistance dépende d'autre chose que de notre travail.
Le pain que l'on mange, on le gagne.

2. Nous ne formons pas une bonne œuvre avec des assisteurs et des assistés.
Les costauds abattent un travail considérable, mais celui qui n'est capable que d'éplucher les pommes de terre compte autant : chacun fait ce qu'il peut, selon ses forces. Chacun travaille pour gagner le pain de tous, et surtout :

3. On travaille sans s'enrichir, et quand le travail produit plus que le nécessaire, on a la joie de donner et de permettre de nouvelles fondations.
À l'époque où se formulaient ces règles, nous disions cette prière : « Mon Dieu, fais-nous capables, frères,

compagnons volontaires et amis, de répondre à toute détresse qui demande de l'aide, dans le monde entier, surtout les petits enfants. » Aide à Toute Détresse... ATD vient de là. Le père Joseph Wresinski avait commencé à travailler avec nous et c'est plus tard qu'il a eu cette intuition – géniale – de « quart monde ». Entre les responsables d'Emmaüs et lui, très vite, il y a eu des affrontements. Entre nous, il y avait un écart, radical : il était né pauvre, pas moi. Aucun livre ne m'apprendra jamais ce que la vie lui avait appris, depuis qu'il avait vu pleurer sa mère qui faisait des travaux de couture jusqu'à une heure du matin en se demandant comment elle achèterait le pain du lendemain.

Il avait des intuitions que nous n'avions pas. Par exemple, il avait convaincu des coiffeuses, venant de salons parisiens réputés, de passer quelques heures dans le bidonville pour proposer leurs services aux femmes. Il savait que celles-ci, une fois coiffées, avaient un autre comportement, devenaient d'autres personnes. Toute sa vie, il a obstinément donné priorité à l'instruction et il a eu raison.

Entre nous ça a été violent, difficile, cruel parfois. Aujourd'hui les deux mouvements sont fraternels, et c'est tant mieux, car chacun suivant son chemin avec son originalité, ils sont une extraordinaire richesse.

On pourrait penser qu'Emmaüs est un modèle de vie. Ce serait une illusion, car les communautés accueillent une humanité en poussière – le clochard, l'homme qui sort de prison, celui dont le ménage a été brisé, etc. – et qui va, d'abord, devoir retrouver un minimum de solidarité. Et quand ces hommes ont retrouvé leur dignité, l'estime d'eux-mêmes, ils découvrent que le bénéfice de leur travail peut être partagé avec ceux qui n'ont pas, comme eux, ce qui est nécessaire pour vivre.

Emmaüs a d'abord accueilli essentiellement des hommes. Avec les femmes, ça a été plus difficile. Ceux qui s'occupent des gens de la rue le savent : une femme malheureuse, qui a tout perdu, restera plus longtemps isolée qu'un homme. D'une part, elle saura mieux trouver les moyens de se nourrir et de rester propre ; d'autre part, elle sait qu'en communauté elle souffrira d'égratignures, certes infimes mais qui, accumulées, risquent de lui rendre la vie impossible. Les hommes, eux, peuvent se chicaner, en venir aux mains, et le lendemain être copains ! Sachant cela, j'ai mal de savoir qu'aujourd'hui tant de jeunes femmes sont à la rue.

Il est impensable d'appliquer le schéma d'Emmaüs à ceux qui ont un foyer, des enfants, des compétences et des capacités ; ou alors à un petit nombre seulement d'entre eux. Mais le mode de partage à l'échelle de la société tout entière est à inventer. J'y reviendrai.

Il est vrai cependant qu'Emmaüs n'est plus en marge, comme à l'origine. Des maires disent : « Nous ne pourrions plus nous passer de la communauté Emmaüs. » On a même vu deux fois, à Tours et à Angoulême, poser des plaques « rue des compagnons d'Emmaüs ». C'est la reconnaissance que la communauté fait partie de la cité.

La cité, aujourd'hui, est confrontée à la nécessité de s'adapter à des situations inédites. À ce sujet, la pratique d'Emmaüs peut être éclairante. Depuis toujours, on innove, on invente. Exemple de situation à laquelle il a bien fallu s'adapter : avec la chute de la valeur du carton, fini le temps où le produit de sa récupération suffisait à faire vivre une communauté. Alors un responsable a organisé, avec l'aide de retraités capables et confiants, un apprentissage pour des jeunes compagnons : ils récupèrent des appareils ménagers définitivement en panne et, avec le matériel de deux ou trois frigos bons pour la casse, ils en font un qui fonctionne ! Aujourd'hui, quand une communauté accueille un nouveau compagnon, pas trop âgé, le premier investissement – s'il a prouvé sa sobriété – peut être de lui faire passer son permis : il sera beaucoup plus utile s'il sait conduire !

Emmaüs est né pour répondre à une nécessité, à une urgence. Ce n'est ni une œuvre, ni un mouvement confessionnel, ni un mouvement politique. C'est une école de conscience et d'action civique.

Il serait bon qu'Emmaüs reste comme l'allumette qui, minuscule, peut embraser la forêt. Cela seul importe : que l'étincelle existe.

La lampe qui baisse

Et c'est Emmaüs qui aujourd'hui m'accueille après toutes ces années d'action à travers le monde. À la Halte d'Emmaüs vivent une trentaine de compagnons âgés et handicapés. J'y suis le plus vieux. Certains visiteurs sont surpris : ici, pas de salle où sont assis des vieux inoccupés ; c'est une maison active.

Cette maison de retraite ne ressemble à aucune autre. Tout le monde y a une tâche, à la mesure de ses compétences et de ses forces. Ainsi, pendant des années, c'est une compagne, Marcelle, qui a pris en charge la blanchisserie de la maison : il en faut, des draps et du linge pour tout ce monde ! Un compagnon fait la cuisine et, en plus, il récupère des planches qu'il polit comme du bois neuf et fabrique des tas de jouets qui sont donnés à Noël dans les quartiers démunis. Certains élèvent des poules, des lapins, des chèvres, d'autres entretiennent le potager, d'autres encore, l'automne venu, ramassent les feuilles pour le compost. Il y a aussi les ateliers : on y assemble des carrés de laine tricotés par des grand-mères amies et plus d'un millier de couvertures sont distribuées chaque année ! On récupère des timbres qui sont vendus dans les bric-à-brac et qui rapportent plus de 20 000 francs par an... on récupère aussi les boutons.

Les compagnons se réunissent chaque année en assemblée générale et décident de la manière dont sera distribué l'argent ainsi gagné. Cette année, Médecins du monde, Enfance et partage, les Amis de sœur Emmanuelle et cinq autres mouvements recevront pour 70 000 francs en chèques. Ça, c'est l'esprit d'Emmaüs : même vieux, même handicapé, on continue à donner !

Comment ne pas être actif au milieu de cette collectivité active ? Et comment ne pas être en paix au cœur de cette communauté d'hommes et de femmes aux gestes fatigués qui continuent à vivre l'idéal du partage ? Le verbe « aimer » ne vieillit pas.

On sait que ma retraite n'est pas totale puisque de nombreux visiteurs sont reçus ici chaque semaine. Par ailleurs, c'est un sujet de plaisanterie pour les compagnons quand ils entendent mes coups de marteau : « Ah ! c'est que le père va mieux ! » À peine arrivé ici, en effet, j'ai planté des clous dans tous les coins pour fabriquer des bibliothèques. Au grand dam des compagnons, car elles cachent presque entièrement les murs qu'ils avaient si joliment peints.

Il en a fallu des rayonnages pour recevoir les livres, les kilos de papier que j'avais entrepris de classer ! Toutes ces lettres et ces documents accumulés au long de soixante-dix années témoignent de nombre de mes découvertes, dont certaines sont partagées dans ce livre.

Aujourd'hui je me rends compte que j'ai vécu tous les combats, toutes les actions, toutes les difficultés avec les compagnons sans avoir, à aucun moment, le sentiment que chaque année j'avais un an de plus. Je me voyais toujours, disons, à trente ans. Dire que j'avais trente-sept ans lorsque a été fondé Emmaüs, cinquante au moment du naufrage, soixante-sept quand j'ai répondu aux questions de Bernard Chevallier pour le livre *Emmaüs ou venger l'homme*... C'est d'ailleurs juste après cette expérience que j'ai pris conscience que je n'avais plus trente ans ! Ça a coïncidé avec le moment où Mademoiselle Coutaz a été paralysée. J'ai dû faire le marché, répondre au téléphone, faire la cuisine ; et un soir où, accablé de fatigue, je terminais enfin ce qu'il était urgent de faire, je me suis senti un homme vieilli, et j'ai pleuré.

C'est sans doute parce que j'ai eu si longtemps trente ans que j'ai ressenti un choc lorsque j'ai reçu le premier versement de ma pension d'ancien député : j'étais donc un vieux qui méritait d'être payé à ne rien faire !

Mais enfin, c'est vrai, je vieillis. Il y a quelques mois, j'ai dit à Geneviève, l'épouse du responsable de la Halte d'Emmaüs : « Pour la première fois, j'éprouve vraiment le sentiment – Dieu sait avec quelle espérance ! – que la lampe baisse. » Et ce jour-là, j'ai pris la décision de ne plus faire le tri de ces centaines de kilos de papiers. C'était trop fatigant. J'ai renoncé. Il a fallu un camion pour emporter les caisses de ces archives au local où une équipe d'Emmaüs international poursuit ce travail. Au-dedans de moi, ça a vraiment été une rupture.

La lampe baisse. Elle va s'éteindre.

Il y a deux ans, j'ai été gravement malade. Après un mois d'octobre d'absolue folie – un jour à Rome, le lendemain à Bruxelles, le troisième à Berne, etc. –, j'ai fini par me retrouver à l'hôpital. D'abord ça a été délicieux.

J'étais chouchouté par tout le monde. Oui, la maladie a été une fois de plus un temps béni : je me retrouvais enfant. Mais il a bien fallu quitter l'hôpital ! Les premiers jours, j'ai redécouvert le bonheur des convalescences : quand j'ai pu faire quelques pas dans le jardin, j'ai ressenti la même émotion que lorsque je respirais le parfum des mimosas, à Cannes, où l'on m'avait emmené l'année de mes quinze ans parce que j'étais malade.

Mais lorsque j'ai voulu aller seul au bout du corridor, je me suis vu un autre. Je ne pouvais pas avancer sans m'appuyer au mur…

Maintenant, je me fais gronder lorsque je monte sur une chaise. (Parce que je monte sur les chaises, quand même !) On veille sur moi, on me protège, et moi-même, je me surprends à accomplir certains gestes avec une prudence toute nouvelle : par exemple, lorsque je m'habille, si je dois lever une jambe, je sais que je n'ai plus la souplesse indispensable pour rétablir l'équilibre, alors je prends la précaution d'appuyer le genou sur le bord du lit… et ainsi de suite, pour tous les actes de la vie quotidienne : j'arrête de faire le malin.

En même temps que je me dis : « Tu vieillis », je me répète intérieurement : « Sans blague, quatre-vingts ans ! Te plains pas : tu vois, tu parles, tu marches… du calme ! »

Je vis au milieu de femmes et d'hommes qui sont vieux. Qui voient, un jour ou un autre, mourir l'un des leurs et qui l'accompagnent au cimetière du village où, près du mur au chevet de l'église, sous le grand crucifix couché là, sont regroupées les tombes des compagnons. Ici, on ne se révolte pas contre la mort. C'est pourquoi d'ailleurs, lorsqu'il a fallu choisir un nom pour cette communauté, sans hésiter, je l'appelai « la Halte » : sur une route qui conduit vers l'Infini.

Souvent on escamote la mort. On suit avec ferveur les progrès de la technique qui permettront de pallier les défaillances des organes et des fonctions. À force de voir prolonger la vie, indéfiniment, on vit avec l'illusion de ne pas mourir. Est-ce qu'elle sera marrante, cette prolongation ? Et que serait une humanité où l'on ne mourrait plus ? Une humanité où il n'y aurait plus de place pour les naissances ! À ceux qui s'imaginent que le bonheur, c'est de faire une révision tous les deux ou trois ans pour se remettre à neuf je souhaite bien du plaisir ! C'est absurde : plus de morts, plus de naissances, toujours les mêmes voisins, et sans espérance que cela change !

Je suis convaincu, au contraire, que l'on verra de plus en plus de gens afficher sur leur porte : « Je refuse qu'on utilise la technique pour me faire survivre quand je n'aurai plus toute ma lucidité. » Dire cela ne signifie nullement que j'admette l'euthanasie. Mais ce qu'on appelle l'acharnement thérapeutique est inadmissible.

À partir d'un certain moment, je vous en supplie, oubliez votre pharmacie et laissez la nature faire son boulot !

La Terre n'est pas à nous

Il faut parfois laisser faire la nature. Et il est bon d'écouter la Terre. Certes, ses façons sont rudes, mais c'est un pédagogue irremplaçable.

Au rythme des saisons, des périodes de sommeil et de fécondité, la Terre est fidèle. Elle tient généralement ses promesses pour ceux qui non seulement travaillent, mais savent prévoir et ensemble se prémunir. Si elle peut être chiche, son avarice elle-même devient leçon car elle ridiculise les approches individualistes et comble ceux qui ont su, à grande échelle, organiser coopération et réserves.

Ses caprices, qui peuvent être terribles et faire vivre aux hommes d'affreuses tragédies, soulignent cette leçon rigoureuse, répétant que l'homme ne survit et ne s'accomplit qu'en étant solidaire. Oui, la Terre est école de sagesse.

Ils devraient, ces caprices, nous rappeler avec quelle folie nous dilapidons les moyens dont la science nous permet de disposer : avec ces moyens, nous pourrions prévoir les tremblements de terre, bâtir partout où c'est nécessaire des immeubles résistant aux séismes, faire de l'Everest un fantastique château d'eau, créer des barrages sur le Gange et le Brahmapoutre, protégeant ainsi le Bangladesh des inondations, et fournissant simultanément l'énergie électrique à tout le continent indien.

L'homme a besoin de la nature, même lorsque, par choix ou par contrainte, il vit au cœur des villes. Sous la troisième République, l'abbé Lemire, un député que l'on qualifierait aujourd'hui de « gauchiste », avait lancé la mode des « jardins ouvriers », espaces cultivables autour des agglomérations, où chaque famille, à ses heures de temps libre, entretenait un petit potager. Dans certaines banlieues, on voit encore ces parcelles sagement alignées. Il y en a près d'ici, dans le pays de Caux… Ce serait peut-être une formule à ressusciter, en l'adaptant.

Observer, savoir planter ou ensemencer, entrer dans le rythme des saisons et mettre très tôt les enfants au contact de la nature qui leur enseigne le respect de la vie, tout cela est essentiel à l'équilibre humain.

Devant le fruit, devant le grain de blé, l'attitude qui, chez nous, prévaut généralement, c'est de le consommer tout de suite. Il faut avoir vu, parmi les peuples qui connaissent la faim, comment le chef de famille veille – avec férocité presque – à réserver ce qu'il faut pour les semences. C'est d'ailleurs une des questions qui me hantent quand on nous montre des images de la Somalie ou du Soudan : qu'on envoie de l'aide, bravo ! Mais que prévoit-on pour les prochaines semailles ? Personne ne nous le dit. Les Somaliens, déplacés massivement, ne savent pas où sera leur terre demain, où ils auront le droit de faire un trou pour mettre un grain. La patrie, c'est avant tout la terre où semer.

Que sont ces camps que l'on dit « d'accueil » ? Les images qu'on nous en montre présentent de vagues campements au milieu d'un territoire stérile. Ces camps sont des lieux de concentration et de rejet. Comment ceux qui y vivent peuvent-ils ne pas être acculés au désespoir ? Réclamons qu'ils soient associés à la réflexion qui permettra de redonner à chaque famille, à chaque ethnie, la terre sur laquelle, par un acte de crédit à la nature, elles retrouveront à la prochaine mousson le geste sacré du semeur.

Certains d'entre nous se souviennent encore avoir été grondés lorsque, enfants chahuteurs, ils prenaient de la mie de pain pour en faire une boulette si amusante à lancer. Il était très important alors que le père ou la mère se fâche pour dire : « Le pain doit être respecté parce qu'il y a trop de gens, tout près de nous et loin de nous, qui en manquent. » Oui, c'est important que les gosses d'aujourd'hui aient conscience du caractère sacré de ce qui est nécessaire à tous, mais qui n'appartient à personne.

La Terre n'est pas à nous. Cette notion, fondamentale, est rappelée par les écologistes. En laissant de côté tous les phénomènes parasites, je considère que cette attention nouvelle à l'environnement est un événement capital pour l'histoire de l'humanité. Dorénavant, nous porterons un autre regard sur les activités humaines. Jusqu'alors on exploitait la Terre comme on presse une éponge, sans aucune limite, avec une obsession : aller plus vite que le voisin pour être vainqueur au jeu de la concurrence. Le désastre, déjà très engagé, était assuré.

Dieu merci, les hommes ont compris qu'il fallait cesser ce mode d'exploitation sans frein, qu'il fallait cesser aussi de produire sans prendre garde aux effets catastrophiques de la pollution.

Au cours des millénaires, l'humanité s'est développée en détruisant la forêt. Elle l'a fait – et continue à le faire – sans précaution : regardez ce qui se passe en Amazonie ! Heureusement, on voit aujourd'hui des pays du Sahel, comme le Burkina Faso, engager de grandes campagnes de reforestation.

Conscients du dommage causé à ce qu'on appelle aujourd'hui l'environnement, conscients que nous sommes en train de scier la branche sur laquelle nous sommes assis, nous devons, sans plus tarder, trouver les solutions et les mettre en œuvre.

Il n'y a pas de réponse unique. Il faut faire jouer les compétences. J'ai confiance en l'ingéniosité humaine. Au lieu de détruire des milliers d'hectares de forêt sans lesquels la Terre viendrait à manquer d'oxygène et d'eau, sachons inventer les moyens de nous chauffer et de nous nourrir sans blesser davantage la nature. Au lieu d'apporter aux peuples qui ont faim des cargaisons de denrées qui trop souvent périssent avant d'être distribuées, sachons leur offrir des semences adaptées à leur sol et des engrais qui ne soient pas agents de pollution. Et, puisque la chimie permet de fabriquer des matières totalement nouvelles, susceptibles, en s'ajoutant aux fruits de la nature, de répondre aux besoins d'une humanité de plus en plus nombreuse, faisons de ces recherches une priorité !

Les urbanistes devraient écouter les leçons de la nature. Moi-même, en 1954, je n'ai pas su le faire. J'étais tellement pressé par la nécessité de donner une clé à toutes les familles sans logis que quelques-unes de ces « cités d'urgence » ont été bâties en hâte sur des décharges à peine tassées, seuls terrains que certaines municipalités avaient bien voulu nous concéder. Les immeubles, rapidement, se sont fissurés, et c'était si bruyant qu'aucune intimité n'était possible. (Heureusement, la grande majorité des bâtiments a tenu bon et quarante mille familles ont pu s'y loger.)

Je porte la responsabilité d'un autre défaut de ces cités. Pressé par les supplications de tous ces jeunes ménages, je n'ai pas su imposer aux architectes les espaces verts et les aires de jeux indispensables… Oh, je ne parle pas de ces pelouses impeccablement tondues, mais de prairies où les gosses auraient pu jouer sans se faire attraper par le gardien de la HLM.

En quarante années, j'en suis heureux, les chantiers ont succédé aux chantiers, des quartiers nouveaux ont surgi partout. Mais lorsqu'il m'arrive de les traverser, je ne peux pas m'empêcher de me demander : quelle âme habite la ville ?

Tous sont nécessaires

Dans la grande maison lyonnaise de la rue Sala où j'ai passé mon enfance, chacun de nous avait son espace d'intimité et la vie de famille se déroulait sans heurts : trois générations la nourrissaient de dynamisme, parfois turbulent, et de sagesse, bien peu sentencieuse. Alentour, les rues étaient animées par des commerces, des écoles, au cœur d'un quartier où l'on retrouvait les traces séculaires de la vie des hommes.

Comment n'y avons-nous pas pensé, lorsque nous avons logé toutes ces familles dans l'urgence ? En peuplant les cités de couples appartenant tous à la même génération, nous avons privé leurs enfants de l'indispensable présence des aînés. Or, pour que la vie soit vivable, tous sont nécessaires : le vieil homme, la grand-mère, participent tout autant à la santé d'une société que les naissances qui assurent son renouvellement. La cohabitation entre les générations est nécessaire.

On m'objectera que le mode de vie actuel ne permet guère aux trois ou quatre générations d'une même famille de cohabiter. Mais pourquoi ne pas réserver aux plus âgés des appartements proches de ceux où vivent leurs enfants ? Quelle richesse pour les plus jeunes, qui pourraient trouver chez leurs grands-parents un lieu de dialogue ouvert à la confidence !...

Bien entendu, comme pour tout ce qui touche à l'humain, rien jamais ne devrait être systématisé. J'en prends pour exemple ce qui nous est arrivé dans les débuts d'Emmaüs. Un ami qui nous aidait m'a dit un jour : « En laissant vos compagnons avec leur groupe de chiffonniers isolés sur un tas de gadoue, vous leur demandez de vivre comme des moines n'en seraient pas capables. Venez dîner avec eux, chaque jeudi soir, chez nous, en famille. » J'accepte, et voilà qu'après la seconde soirée un des compagnons disparaît. Quand il est revenu au bout de vingt-quatre heures, il m'a dit : « J'ai erré pendant des heures et des heures avec l'envie de me jeter à la Seine. C'était intolérable, pour moi qui ne vois plus jamais mes enfants, de me retrouver au milieu d'une famille où les petits viennent embrasser leurs parents, et puis embrassent aussi “le monsieur” qui est là et qui plus jamais ne connaîtra cette vie-là. »

Nous n'avons jamais recommencé. En revanche, ici, à la maison de retraite, des familles viennent. Mais c'est nous qui les recevons. Chez nous. Et les deux couples qui veillent à la bonne marche de la maison partagent notre toit. Les jeux et les rires de leurs enfants sont le soleil de notre communauté. Je crois qu'une certaine barbarie peut naître quand les adultes vivent là où il n'y a pas de petits enfants. La barbarie peut toujours naître des exclusions.

On m'a parlé d'une dame qui s'est révoltée quand elle s'est vue rejetée par les siens. D'un milieu pourtant bourgeois, elle a fini par fréquenter les petits cafés arabes de son quartier. Là, elle buvait du thé à la menthe dans une atmosphère chaleureuse, où elle se sentait à la fois accueillie et respectée.

C'est vrai que dans les pays d'Afrique, on considère encore les vieillards avec un profond respect. J'avoue d'ailleurs en avoir profité moi-même pour sortir de l'impasse lors des événements du quai de la Gare. L'État avait fini par s'engager à construire les quelques centaines de logements nécessaires aux familles concernées, et chacune devait venir signer à la préfecture afin d'obtenir son titre d'accès au logement. Or, avec les meilleures intentions du monde, des voix amies s'étaient élevées pour leur dire : « N'allez pas signer, n'allez pas signer ! Une fois de plus, vous allez être roulés ! » Et ça durait, ça durait… Enfin, à minuit, j'ai piqué une colère : « Écoutez-moi. Je connais un peu vos pays et je crois savoir que si sur une question importante on n'arrive pas à un accord à l'unanimité, on s'en remet au plus vieux. Eh bien, ce soir, le plus vieux, c'est moi ! Et je vous dis : Signez ! » Il y a eu un long silence. On a traduit dans diverses langues et l'un des chefs coutumiers est venu s'asseoir à côté de moi et il a déclaré : « Nous irons signer demain matin, parce que vous le dites. »

Dans nos pays nous croyons tout résoudre par les législations sociales. Mais cela ne suffira pas toujours, car les femmes et les hommes retraités sont de plus en plus nombreux.

Sur ce point, c'est véritablement un temps nouveau. Une situation jamais connue. La durée de vie est sans cesse prolongée tandis que, dans les populations aisées, la natalité – qui fait les cotisants de demain – ne cesse de diminuer. Si l'on n'y prend pas garde, nos anciens pourraient bien être regardés demain comme des parasites, dévorant les salaires de ceux qui travaillent. À ce courant d'hostilité presque animale saura-t-on répondre par un courant de compassion ? Mais la vraie solution est ailleurs : il s'agit de sauvegarder pour les retraités une place possible dans la cordée en marche.

Quelle âme habitera la ville ? La question revient chaque fois que j'ai l'occasion de traverser quelque grande cité. Comment l'humanité trouvera-t-elle, dans ces entassements, les raisons de vivre sans lesquelles la vie est une coquille vide ? Comment trouvera-t-elle le recueillement nécessaire pour percevoir, au-delà de la monotonie des jours, les possibilités d'émerveillement ?

Un jour, avoir été ébloui par la splendeur du monde

« Quoi de plus inutile, de plus stérile apparemment que l'immensité d'étendue et de masse des glaciers ? Mais pense-t-on que sans leur nécessaire action la vie aurait disparu depuis longtemps dans les plaines et les vallées ? Au contact des cimes glacées, que l'on croit muettes, l'air se purifie, se rafraîchit, et redescend, neuf à nouveau, pour que la vie soit possible. »

J'avais dix-huit ans lorsque j'ai entendu ce propos, que l'on qualifierait aujourd'hui d'écologiste, dans la bouche de Pierre Termier, géologue. Il a pris pour moi valeur de symbole : le glacier, c'est vrai, est incessant renouvellement. Dans la profondeur de sa masse colossale, il est comme flottant sur les eaux qui, sous son poids, naissent de lui et font jaillir au loin sources et torrents. J'ai eu la chance de passer, bien au chaud dans des refuges, des nuits sur le glacier et d'entendre là l'étrange bruissement rythmé par le fracas des séracs roulant, se brisant, faisant tour à tour se rompre et se souder ces espaces en perpétuelles tensions.

Et j'ai eu la chance, je l'ai dit, de connaître la paix silencieuse du monastère. Croyez-le : elle aussi est active.

Un soir, le père abbé m'avait invité à parler aux bénédictins de Saint-Wandrille, et je leur avais rapporté les réflexions de Pierre Termier. Dans les jours qui ont suivi, quand les moines me croisaient en souriant, il me semblait lire dans leurs yeux gentiment moqueurs : « Le glacier vous salue ! »

Car on sourit beaucoup à Saint-Wandrille : la joie y est présente, inépuisable. Cette joie évoque pour moi l'image de la haute montagne : lentement, on monte, et à chaque col on est ébloui, un peu plus chaque fois, et l'on continue, dans l'impatience d'être ébloui plus encore.

J'aime la montagne. Elle est très présente dans les souvenirs de la guerre. C'est par le col du Tour, à 3 200 mètres, que j'ai organisé le premier passage en Suisse des Juifs venus me demander secours. À la beauté de la montagne s'ajoutait alors l'émotion des mots que l'on pouvait enfin dire, après des heures de montée par les glaciers : « Le gardien du refuge que vous voyez là-bas, au bout du glacier suisse du Trient, est averti. À partir de là, vous êtes en terre de liberté. »

Les mystères de la montagne ne sont pas seulement dans la grandeur et la beauté quasiment enivrantes des cimes. Ils sont aussi dans la douceur et la sérénité de reliefs plus modestes, gardiens bienveillants des plaines. Leur douceur qui m'avait envahi au-dessus d'Assise s'est de nouveau révélée à moi sur la montagne de la Rhune, dans les Pyrénées. La Suisse refoulant les réfugiés, il avait fallu trouver un autre chemin vers la liberté. Je ne peux oublier l'accueil chaleureux que nous a réservé une famille de la petite ville de Vera : sous Franco, ce n'était ni facile ni fréquent.

Cette expérience si forte de la montagne, je l'ai retrouvée récemment, lors de mon second séjour au Sahara, au sommet volcanique de l'Assekrem. Trente ans plus tôt, j'ai connu un autre désert, celui de l'Erg occidental, avec ses dunes comme un océan de vagues sans cesse balayées et imprévisiblement déplacées. Il ne s'agit pas là d'altitude, mais d'immensité. Durant ce premier séjour, motivé par une convalescence de trois mois, j'avais eu la chance, une fois mes forces revenues, de cheminer en caravane, à dos de chameau, avec un ermite qui vivait à Béni Abbès. C'est alors que j'ai rencontré cette solitude d'une qualité si particulière : la solitude qui parle.

Ici, à Esteville, les amis qui m'entourent m'aident à préserver, chaque semaine, quelques heures pour vivre ma « journée désert ». On ne peut pas comprendre à quel point elle est vitale pour moi si l'on oublie les sept années que j'ai passées cloîtré dès l'âge de dix-neuf ans. C'est beaucoup, si jeune ! Cela a gravé en moi l'ineffaçable, faut-il dire… une blessure ? Sans la compréhension de cet invisible, on ne peut pas expliquer le visible de l'action : ces soixante années d'une vie pleine d'agitation, ces responsabilités auxquelles je n'avais pas été préparé… Non, rien n'aurait été possible sans cette grâce un peu folle des années de cloître. C'est irrationnel, ça paraît absurde, mais c'est cela qui m'a permis de ne pas me perdre parmi les chemins de tant d'audaces.

Pendant la Résistance, j'ai traversé une période particulièrement difficile à cause des orientations qu'il fallait choisir. C'est alors que j'ai appris que le presbytère d'un village, face au glacier de la Meije – une merveille ! –, était libre. Je suis allé y vivre pendant une semaine et j'ai jeûné. Après cette retraite, je savais quelles décisions il fallait prendre.

Encore aujourd'hui, lorsque j'interviens, ce n'est jamais vraiment programmé, et pourtant je n'ai pas le sentiment que ce que je dis à la radio ou à la télévision « tombe mal ». Je crois que l'expérience du désert a inscrit en moi une sorte de réflexe qui remet à leur juste place les morceaux de la réalité.

Pendant des années, j'ai vécu sans lire les journaux, sans même ouvrir un seul livre. Mon temps était dévoré par les appels au secours : dès le réveil je pensais à des planches, à des clous, à des bonshommes qui s'étaient soûlés la veille… Aujourd'hui, c'est avec une sorte de fièvre que je me précipite sur la table des matières de tout livre où j'espère glaner une réponse, un écho à ce qui me préoccupe. Certes, je ne suis pas un lecteur modèle, mais j'ai cette chance de toujours trouver, le plus souvent instinctivement, l'information utile.

Notre société est mal élevée. Elle empiète sur tout et sur tous. Elle ne nous laisse pas être à nous-mêmes. Nous vivons sous un véritable déluge d'informations : meurtres, catastrophes et malheurs du monde risquent d'envahir toute notre conscience. Et cela se passe avec notre complicité car, si l'on voulait résister, on y arriverait. Encore faut-il avoir conscience que, si nous ne nous créons pas les moyens d'une hygiène psychique, mystique, sociale, politique, nous courons le risque de devenir des drogués, impuissants face à ce qui, finalement, est une caricature de la réalité.

Peut-être est-il possible de tirer une leçon de mon expérience… Bien sûr, il n'est pas question de dire à chacun : « Le truc, c'est d'aller, à dix-neuf ans, vous cloîtrer pendant sept ans ! » Mais je crois que chacun peut trouver, tout en étant engagé dans les multiples activités et soucis de sa vie familiale et professionnelle, le quart d'heure chaque jour ou la demi-heure chaque mois pour s'éloigner du brouhaha. Sans oublier que l'humour, le rire sont aussi de bons instruments d'hygiène psychique !

Il nous faut garder les yeux ouverts sur la majesté de la nuit où brillent les étoiles, sur la grandeur du glacier, sur la beauté d'une œuvre d'art ; il faut, un jour, avoir été ébloui par la splendeur du monde, ne plus pouvoir se passer de ces moments prodigieux, savoir les retrouver et s'en souvenir.

La présence de la montagne et du désert fait pénétrer au cœur de ce que l'on peut nommer les mystères de la création. Elle rappelle que le mystère est la seule alternative à l'absurde. L'expérience de la solitude qui parle m'a profondément convaincu que, même si j'ai souffert, je suis un privilégié de Dieu.

Le scandale du mal

L'un des moments terribles de ma vie a été cette année 1958 lorsque, épuisé par le surmenage et écrasé par trop de responsabilités, j'ai été tenu pour fou par certains. Isolé, soumis à un curieux traitement qui me faisait vivre en état d'hibernation, j'ai fait un rêve si étrange que je me suis obligé à en rédiger le déroulement :

Je suis dans l'obscurité, face à une palissade derrière laquelle je devine une intense activité me concernant. Je ressens une impression d'isolement. Avec cette certitude qui étreint le prisonnier jeté hors de son cachot : ils me préparent le pire.

Ébloui par une lumière aveuglante, je me trouve soudain précipité dans l'enceinte, avec d'autres prisonniers. Un cri violent : « Il faut que soit détruit le Juste. » Une force irrésistible me projette sur le Juste, sans forme précise, quelque chose comme un oiseau blanc, immense et puissant. Lutte confuse, sans merci, jusqu'à ce que l'oiseau, étranglé, tombe inerte dans mes bras.

J'aperçois alors la Mère. Je sais qu'elle est la Mère du Juste, de la foule, la mienne. Montrant une paroi abrupte, elle dit avec une voix d'une infinie bonté : « Mes pauvres enfants… »

Aussitôt, je me sens arraché à toutes les contraintes, envahi par une volonté farouche de vengeance contre les forces dont j'étais le jouet et qui m'avaient conduit à tuer l'oiseau…

Je bondis vers la paroi abrupte et lance, comme un défi, aux prisonniers : « Quelle autre voie de salut pour tous que celle de gravir les degrés de l'homme ? » Ascension harassante. Au sommet, fraîcheur et clarté. La Mère, le Juste et nous tous, les prisonniers, sommes là, dans la Paix, la Joie, la Vie.

Et me voici maintenant aux abords d'une église illuminée dans la nuit de la veillée de Noël. Un homme âgé, un notable, s'agite : « Je sais quel drame on veut donner en spectacle. C'est scandaleux ! Je proteste ! »

Au-dehors, des adolescents, presque tous estropiés, qui doivent présenter le jeu liturgique vont et viennent. Puis ils jouent une sorte de pantomime, qui n'est autre que la représentation stylisée de ce que je viens de vivre. Mais une phrase a été changée, et à la place, j'entends : « Il faut que soit détruit l'aimé du Juste ! »

La représentation achevée, je fends la foule et, du haut de l'église, je dénonce l'erreur. La foule, indifférente, s'écoule, plongée dans une méditation de paix et d'espérance. Je vois mieux maintenant les plaies, les infirmités, les mutilations des adolescents. Alors j'interroge l'un d'eux : « Dis-moi pourquoi, comment tant de souffrances ? »

Brusquement, comme tout rêve, celui-ci cesse, sans conclusion ni logique. Plusieurs heures durant, conscient que tout cela ne fut que rêve, je suis resté les yeux ouverts, pénétré par le sentiment que là se trouvait exprimée une vérité profonde. Et dans une paix difficile à définir, je me suis senti la conscience comme délivrée.

On peut donner à ce rêve, je suppose, diverses interprétations. On peut le lire comme une allégorie du drame humain et de l'Infini qui est Amour. L'un ne va pas sans l'autre : le scandale de la souffrance et la certitude de l'Amour sont indissolublement liés. La conscience de cette réalité paradoxale me taraude à chaque moment de ma vie ; c'est elle qui fonde toutes mes actions.

C'est ainsi que, pendant le naufrage du Rio de la Plata, commença, alors que j'étais sauvé, étendu sur le pont du petit bateau de sauvetage argentin, le moment le plus terrible : un homme, avec qui la veille j'avais parlé, s'écroula à genoux à côté de moi, la tête appuyée sur ma poitrine, sanglotant. Il m'expliqua que l'on venait de retirer de l'eau son fils de neuf ans, mort. Je ne savais pas parler espagnol, et cependant nous nous disions beaucoup de choses dans les bras l'un de l'autre. Longtemps il resta là, pleurant comme un gosse. Pendant les heures qui ont suivi, cette scène s'est renouvelée je ne sais combien de fois : des hommes, des femmes s'effondraient auprès de moi. C'étaient ceux qui venaient d'apprendre que l'un des membres de leur famille était dans le fond du bateau, cette cale des morts où l'on m'avait, moi aussi, pendant un moment, déposé par erreur.

Plus tard, pressé de questions par les journalistes, je déclarai : « Criez-le : à Buenos Aires, comme dans toutes les grandes villes du monde, aussi bien celles de France que celles d'Amérique du Sud, des catastrophes de pareille gravité n'arrivent pas qu'une fois par an, mais tous les jours de la vie, tous les jours et toutes les nuits. Aujourd'hui, combien de dizaines de milliers de papas et mamans connaissent un désastre équivalent au nôtre ? Et pour eux, personne ne s'émeut et ne se mobilise. C'est leur vie entière qui est un naufrage, qui fait d'eux des noyés de tous les jours. » Inlassablement, je répétais : « Dites merci à ceux qui se sont tant dévoués pour nous secourir, mais dites-leur d'ouvrir les yeux sur les catastrophes quotidiennes qui écrasent tant et tant de familles. Pour celles-là la société ne se mobilise pas, mais s'efforce, hypocritement, d'oublier. »

Peut-on mesurer la souffrance ? Aux chrétiens sans cesse on rappelle : « Jésus a souffert le pire. » Ce n'est pas vrai.

Dans les camps d'extermination, des hommes, des femmes, des enfants ont souffert plus que la Passion. Le « pire », c'est d'être nié, en tant qu'homme, en tant que peuple. Le « pire », c'est d'être exclu de la communauté humaine. Je n'oublierai jamais le mendiant qui me disait : « Leurs regards me passent au travers. » À cet égard, l'expression de Joseph Wresinski, « le quart monde », est terriblement juste. Pendant longtemps, on a parlé de deux mondes : l'Ouest et l'Est. Puis l'attention s'est portée sur un troisième monde. Et une fois l'humanité ainsi découpée en tranches, on a vu qu'il restait encore, au cœur de chacune de ces couches, des personnes qui n'appartiennent à aucun de ces mondes, tant leur détresse est grande.

Dans notre pays, nous sommes si peu attentifs, si peu éveillés à cette détresse-là ! J'ai été choqué que pendant si longtemps les uns aient considéré que « les nouveaux pauvres », c'était une mode, et beaucoup d'autres, un mauvais quart d'heure à passer. Non, c'est une réalité. Et durable. Il faut sans cesse revenir aux faits.

Déjà en 1984 nous la rencontrions, cette « nouvelle pauvreté ». Un soir de cet hiver-là, les compagnons ont distribué mille repas à des hommes qui, deux ans auparavant, avaient tous « une situation ». Et chaque année, de nouvelles vagues sont venues s'ajouter à celles qui étaient nées au début de la crise.

Serait-ce de l'étourderie ? Nous oublions si vite ce qui peut troubler nos occupations. Ne serait-ce pas qu'au fond de nous-mêmes il y a la peur ? Peur du « mal des banlieues » par exemple. Mais à quoi ça sert d'avoir peur ? Pourquoi y anéantir ses énergies ? Parce que c'est dangereux ?

Oui, car ça peut éclater à tout moment. Mais ce qui est pire, c'est ce qui précède l'éclatement, la passivité, toute cette période pendant laquelle des milliers de jeunes exclus, souvent chômeurs, restent muets. Pour eux, rien n'est plus dégradant. Alors ça explose ! Quoi d'étonnant si dans l'explosion de la juste colère viennent se glisser des voyous et des voleurs ? C'est normal que ça finisse par exploser. Ne suffit-il pas qu'un flic ait, bien involontairement, renversé un gamin ?

Au lieu d'avoir bêtement peur, soyons à l'affût de tout ce qui est concrètement possible. Ce qui importe, c'est de faire, au moins, ce qui peut être fait.

Un jour, un ancien ministre du logement m'a écrit en substance : « Vous êtes encore indispensable, certes ; mais quand vous avez commencé, dans les années cinquante, il y avait 29 % des Français qui se disaient mal logés. Aujourd'hui, les enquêtes établissent qu'il y en a "seulement" 9 %. » À cela, je réponds : « Mais s'il n'y avait que 1 % de Français mal logés, je m'engagerais de la même façon que je le fais aujourd'hui pour les 9 %. Moins ils sont nombreux, plus on est coupable, puisque la solution est plus facile à trouver. 9 % des familles, 1 %, une seule famille... Il n'y a jamais de quantité négligeable en matière d'humanité. »

La France est l'un des sept pays les plus riches du monde, et pourtant, l'été dernier, des dizaines de familles de travailleurs sans logis, traquées par la police, ont cherché refuge d'église en église. Elles erraient dans les rues alors que des centaines de locaux existent, habitables mais laissés vacants ou murés. Parfois même, sous le regard de familles désespérées, on en a fait arracher les toitures !

Le scandale du mal, c'est qu'on l'oublie. On s'en fait complice.

L'injustice, ce n'est pas l'inégalité, c'est le non-partage.

Être blessé de la blessure de l'autre

En ville, chaque jour, on croise des hommes et des femmes qui, de plus en plus nombreux, demandent de l'aide. Et, à la fin de la journée, que nous ayons donné ou pas, nous nous posons la question : qu'ai-je fait ? Qu'aurais-je pu faire ? Je crois qu'il faut avoir l'humilité de reconnaître que nous n'avons pas le temps, que ce n'est pas non plus forcément notre rôle. Mais ce que l'on peut, ce que l'on doit faire – que l'on donne ou pas – c'est agir en sorte que cette femme, cet homme aient vu que vous les voyiez. Bien sûr, si vous pouvez leur donner dix francs, c'est mieux. Mais, en faisant ce geste, regardez-les ! Un jour l'un d'eux m'a dit : « Le pire, dans ces moments-là, c'est leur regard. Il n'a pas distingué cet humain qui mendie de l'affiche qui est sur le mur, derrière lui. »

C'est vrai, il faudrait avoir le temps et s'asseoir à côté de celui qui mendie. Mais combien d'entre nous disposent de ce temps ? Dans les débuts d'Emmaüs, nombreux étaient ceux qui ont rejoint la communauté parce que je m'étais arrêté pour parler avec eux alors qu'ils étaient, pour certains, au bord du suicide. Mais ne nous racontons pas d'histoires : il faut avoir du temps pour s'arrêter, pour revenir, pour écouter. On ne peut pas demander cela à la mère de famille ou à celui qui est contraint à l'exactitude par son travail : leurs vocations sont d'un autre ordre.

C'est d'ailleurs à des vocations de ce type que font appel les grandes campagnes d'affichage pour tel ou tel mouvement caritatif : chacun se privera un peu, de manière raisonnable. Certains se demandent à quel mouvement ou à quelle association il vaut mieux donner. Il n'y a pas de réponse toute faite à cette question, mais il n'y a pas de quoi, en tout cas, en faire un casse-tête : chacun réagira en fonction de son histoire, de sa sensibilité : parce qu'il a voyagé dans tel pays du tiers monde, parce que la souffrance des enfants lui est insupportable, parce qu'un de ses amis se débat avec le sida ; d'autres militeront ici ou là.

Pour ma part, j'ai été choqué à une certaine époque par ces opérations publicitaires. Je sais bien que ceux qui les réalisent sont des professionnels, les mêmes qui aident les partis politiques à présenter leurs programmes… Du reste, ils ne sont probablement pas insensibles à la misère alors qu'ils pourraient être de purs et simples techniciens, indifférents au sens du message qu'ils savent si bien faire passer.

Si j'ai été choqué, c'est aussi parce qu'Emmaüs n'a pratiquement jamais eu besoin de faire ce genre de publicité puisque les compagnons se donnent par leur travail les moyens de vivre. Mais la plupart des mouvements et associations ne peuvent pas, étant donné ce qu'ils sont, avoir de ressources propres. Il est donc tout à fait normal qu'ils fassent appel aux bonnes volontés.

Ces bonnes volontés cependant ne remplaceront jamais ce que la société, dans son ensemble, doit accepter : le partage.

Pour que le partage soit vrai, il faut le mettre en œuvre en commençant par les plus démunis. Si, dans le partage des revenus, on définit d'abord la part du président, puis celle des ministres, des chefs d'entreprises, des cadres, etc., jamais il n'y en aura assez pour les balayeurs ! En revanche, si l'on commence la redistribution par les balayeurs pour passer ensuite à l'ouvrier maçon, au travailleur de l'usine, etc., en montant ainsi, de degré en degré, jusqu'aux niveaux de responsabilité et de pouvoir les plus élevés, il y en aura toujours assez. Et tant pis s'il y en a un peu moins en haut et tout le long de l'échelle !

Attention, je ne pense pas qu'il soit injuste que le ministre, le chef d'entreprise reçoivent davantage. Si ce n'était pas le cas, il n'y aurait personne pour assumer ces rôles difficiles et ces fonctions ingrates : ce n'est pas marrant, ça dévore la vie de famille, les loisirs... Ces devoirs et ces charges demandent, c'est évident, des compensations.

Les salaires, les revenus ne peuvent pas être égaux. L'égalitarisme, ça n'existe pas : deux frères jumeaux, nourris de la même façon, recevant la même éducation, ne seront jamais pareils ; l'un sera doué pour le sport, l'autre pour les mathématiques. Et alors ! L'égalitarisme, ça ne fonctionne pas, même pour les pauvres entre eux. Tout est inégalité. Et les inégalités, lorsqu'elles ne sont pas la conséquence de situations scandaleuses qu'il faut dénoncer, sont un appel : toi, le costaud, considère celui qui est fragile ; toi qui as des moyens financiers importants, vois celui-ci, qui en est dépourvu. À l'école de la vie, dont on dit si souvent qu'elle est « dure » parce qu'elle est faite d'inégalités, on n'a guère le choix : soit l'on apprend à aimer, soit l'on devient un monstre.

Oui, la vie est tissée d'inégalités. Pour moi l'abolition de toutes les inégalités sociales n'a aucun sens. Je trouve simplement qu'on leur a ajouté une valeur considérable qui n'a pas lieu d'être. Le travail de celui qui exerce une activité subalterne est aussi utile à la vie de tous que celui du cadre supérieur. Tout le monde ne peut pas faire Polytechnique… et la société serait bien embarrassée si demain elle n'était plus constituée que d'ingénieurs ! Il n'y a aucune honte à être parent d'un enfant qui « ne peut pas suivre » à l'école. Doit exister, pour lui aussi, un emploi rétribué et respecté.

Aux États-Unis, il n'est pas rare de voir des jeunes « de bonne famille », comme on dit, exercer des travaux manuels, parfois salissants, et après le travail passer sous la douche et retrouver leurs amis bon chic bon genre, sans que personne pose la moindre question… Chez nous, la prison des conventions rend impensable que le fils de l'ingénieur devienne simple ouvrier… quand bien même son bonheur serait de l'être ! Sur mes cent vingt-trois neveux et nièces il y a des PDG de grosses entreprises multinationales et il y a de simples infirmiers et un veilleur de nuit. Dans l'asile où il travaille, il joue un rôle moral très important. Il y est heureux et sa famille elle aussi est heureuse. Je le répète : tous sont nécessaires.

Jamais un enfant ne devrait entendre dire qu'il n'a pas d'avenir ; jamais aucune femme, aucun homme ne devrait être « de trop ».

Si, aujourd'hui, il y a des hommes et des femmes « de trop » c'est parce qu'on se conduit comme des crétins ; comme si, ayant soixante litres de bon vin, on voulait à tout prix les faire tenir dans une bonbonne de cinquante litres... On s'étonne ensuite que ça déborde... Eh oui, ça déborde ! Et même ça crache et ça salit.

Tant qu'on n'aura pas compris que les dix litres ne sont pas « de trop », tant qu'on n'aura pas fabriqué la deuxième bonbonne pour les contenir, il y aura chaque hiver le « scandale des sans-logis » et chaque été la « violence des banlieues ».

Il y a en France quatre cent mille « sans domicile », dont quarante mille à Paris et dans sa région, et vingt mille filles de moins de vingt-cinq ans qui dorment la nuit dans les asiles ! En moi, ça explose, car notre pays a tous les moyens pour bâtir les logements indispensables : main-d'œuvre, technique, matières premières... Et il y a les sous ! Mais le budget de l'État ne prévoit pas le partage... La France, qui est l'un des pays les plus riches du monde, est pareille à un magnifique champion qui a un chancre à la jambe. Comme ça ne se voit pas et qu'il est toujours aussi beau et fier de lui, on ne s'occupe pas de son abcès. Les quatre cent mille couche-dehors, c'est le chancre à la jambe du champion. Et le champion court le risque d'en crever.

En moi, ça explose, parce que je suis blessé de la blessure du chômeur, de la blessure de la jeune fille à la rue... Comme une mère est malade de la maladie de son enfant. Voilà ce qu'est la charité, dira-t-on avec un sourire un peu méprisant, car le mot, déprécié, évoque les « bonnes œuvres » des belles dames riches d'autrefois. Mais être charitable, ce n'est pas seulement donner, c'est avoir été, être blessé de la blessure de l'autre. C'est aussi unir toutes mes énergies aux siennes pour guérir ensemble de son mal devenu le mien.

Si la politique n'inclut pas cette charité-là, elle est infirme, boiteuse, inefficace.

Les tâches sont universelles

Que de fois ai-je dit, lorsqu'est née ma popularité : « J'en ai assez de ces gens qui piquent avec une punaise une photo de l'abbé Pierre au-dessus de leur lit. Le matin, au réveil, ils versent une larme en la regardant, et ils croient qu'ils ont beaucoup travaillé. » On n'a pas agi parce qu'on a pleuré.

On agit quand on réclame les moyens pour que cesse l'injustice. C'est le sens de la dédicace que j'ai écrite pour le général Eisenhower sur le premier livre consacré à Emmaüs : « Si le monde libre vainqueur n'est pas capable de demander à sa jeunesse autant de sacrifices pour lutter contre la misère qu'il en a demandé pour lutter contre la tyrannie, alors tant de sacrifices étaient vains, car bientôt la liberté victorieuse ne sera plus que moribonde. »

Pour ma part, j'écris, je parle, j'interviens. Aujourd'hui, je vous demande, à tous, d'entrer à votre tour dans la « belle guerre », la guerre contre la misère et contre l'injustice. Quand c'est la « sale guerre » (celle dans laquelle, hélas, il n'y a pas le choix parce que c'est : « Je te tue, sinon c'est toi qui me tues ! »), gosses de riches et gosses de pauvres, tous sentent ce qu'ils risquent de perdre et tous sont mobilisés. Mais trop de gosses de riches désertent sans honte la « belle guerre », alors qu'il est tout aussi déshonorant d'abandonner ses compagnons au combat. Faut-il se résigner à ce que seuls les gosses de pauvres soient partie prenante ? Ce serait idiot ! Souvenons-nous de l'image du champion avec son chancre à la jambe... Paris est enveloppé par une ceinture de bombes, et les désespérés, tôt ou tard, la feront exploser. Le désordre de la violence entraînera la répression qui provoquera la haine, donc plus de répression. Les fascismes naissent ainsi.

Nous vivons en démocratie. Si infirme soit-elle, elle reste le moins mauvais des systèmes. Et pour la servir, nous devons choisir des personnalités capables.

Certes, je le sais, les ministres ne sont pas des experts, mais ils doivent, d'une part, avoir le « flair » politique et, d'autre part, savoir s'entourer des experts qui pourront leur donner la maîtrise technique des responsabilités qu'ils exercent.

Dans le village de Bretagne dont il est le maire, Kofi Yamgnane, qui fut un temps secrétaire d'État, a créé, à côté du conseil municipal, un conseil des sages, comme il en existe dans les villages de son Togo natal. Ce conseil n'a aucun pouvoir, mais on ne vote qu'après avoir écouté ses avis. C'est une initiative intéressante, qui mériterait d'être reprise au niveau national : on parle toujours des députés, des sénateurs, presque jamais des conseillers... Et pourtant, la démocratie en a besoin.

On a vu trop de ministres incompétents. On voit encore des députés incompétents. Moi-même, je l'ai été. Quand je pense que j'ai été secrétaire de la commission de la Défense nationale alors que je connaissais tout juste le nom d'un ou deux généraux ! C'est grave. Devant l'incompétence ou – autre défaillance fréquente – le manque de courage, on peut craindre que le peuple s'en remette au démagogue dont le seul programme sera de dénoncer avec violence ces carences. La démocratie alors sera en péril.

J'ai peur quand je vois qu'aujourd'hui on vote de moins en moins. Je l'ai dit l'an dernier à *La marche du siècle* : « Vous les filles et les garçons, avant tout, votez ! Si vous ne votez pas, vous n'êtes pas dignes d'être traités autrement que comme les esclaves d'un dictateur. »

Je me souviendrai toujours que, lorsque j'avais treize ou quatorze ans, mon père – qui était très malade – nous demanda, à l'un de mes frères et à moi, de l'installer sur une chaise, de le descendre et de le porter jusqu'au bas de la rue, pour voter. Ceux qui accèdent aujourd'hui au droit de vote n'ont pas eu à le conquérir. Ils y sont habitués et le considèrent comme de peu de valeur. Il faut en avoir été privé pour en mesurer l'importance.

Je suis furieux quand j'entends dire : « En politique, tout le monde a les mains sales, alors je ne vote pas. » C'est intolérable : on n'a pas le droit de dire que la défense du bien commun – car c'est ça la politique –, c'est malpropre.

Il faut voter. Il faut aller dans les réunions publiques interpeller les candidats, quelle que soit leur couleur politique, et leur demander si la lutte contre l'exclusion est pour eux une priorité.

De plus en plus, nous savons, nous pouvons être vigilants. Mais il est impossible, techniquement, de l'être seul. On ne peut être efficace qu'avec d'autres, dans un mouvement, un parti bien choisi, quitte d'ailleurs à le chahuter de l'intérieur.

Je répète à ceux qui vont devenir adultes : soyez compétents, travaillez, travaillez sans relâche pour acquérir le maximum de compétences et mériter les responsabilités qui seront les vôtres ! On ne devient pas un homme politique par devoir, pas plus qu'on ne devient un bon musicien par devoir. Il existe certainement des personnalités qui plus que d'autres sont faites pour cela. Robert Schuman en reste pour moi le meilleur exemple : en quarante ans de vie politique, il ne s'est pas enrichi d'un centime, mais il aimait les responsabilités et s'y trouvait comme un poisson dans l'eau.

Les meilleurs sont ceux qui restent exposés à la blessure des « manquant de tout ». Ça n'est pas facile, car lorsque l'on est parvenu à de hautes fonctions, on ne fréquente plus que des gens semblables à soi-même, ne manquant de rien. Et l'on a alors le sentiment sincère que l'urgence, c'est d'embellir l'Opéra, sans penser qu'il existe des familles démunies qui n'ont pas de toit. Et pour cause : on peut avoir vécu quatre-vingts ans dans une ville sans en avoir jamais rencontré…

Tout le monde ne peut pas avoir de responsabilités politiques, mais tous, nous sommes des citoyens. Nous constituons l'opinion publique. Et en démocratie, c'est l'opinion publique qui a le pouvoir.

C'est parce qu'elle s'est souvenue de cela que l'opinion publique a fait vivre, en février 1954, un moment de soulèvement. Quand elle a su le nombre des sans-logis, quand elle a ressenti leur situation comme insupportable, elle a obligé le parlement, puis le gouvernement, à prendre les mesures nécessaires pour que l'on s'attaque à l'injustice et au gâchis humain.

On me dit « de gauche ». Ça me fait sourire. Droite, gauche, je n'en sais rien. Compte tenu de ce que je suis, mon choix est de montrer la réalité telle qu'elle est et de faire percevoir les priorités. La politique ne me fait pas peur. Car elle inclut l'amour, avec la faim de justice.

Au nom de l'amour et de la justice, nombreux sont ceux qui s'engagent aujourd'hui dans les organisations humanitaires, fiers et heureux de ce qu'ils font, mais résolus à ne pas s'occuper de politique. Mais qu'est-ce que l'humanitaire sans le politique ? Pour que tous ne meurent pas en Somalie, une fois acheminée l'aide humanitaire, il va bien falloir des têtes pour se demander avec qui, où et comment mettre en place les institutions qui vont permettre de reconstruire l'avenir de ce peuple !

Le mal du monde nous arrachera-t-il à notre incroyable étourderie ? Notre aveuglement par rapport à ce qu'il faut faire est de la même nature que celui de l'armée française au moment de la construction de la ligne Maginot. C'était génial, la ligne Maginot, mais il a manqué quelques kilomètres pour qu'elle aille jusqu'à la mer, et l'ennemi, pas si bête, dont on avait pourtant prévu tous les angles d'attaque, n'a eu qu'à faire le tour pour nous attaquer dans le dos !

Les solutions, il va falloir les chercher ensemble. Sinon on s'épuisera à prévoir des « aides aux pays en voie de développement », des « revenus minimum d'insertion » pour que les hommes aient du pain, sans leur donner les moyens de vivre. Vivre humainement. Il va falloir inventer des idéologies à la mesure de la réalité nouvelle. Les tâches sont universelles.

On ne se sauvera pas les uns sans les autres

Il nous faut des contagieux.

Aucune valeur humaine ne peut grandir et se transmettre sans contagion. La contagion est une manière d'être, qui va de soi, comme celle des parents qui accompagnent l'enfant dans son éveil à la vie. Le contagieux, c'est celui qui sait voir et les horreurs du monde, et ses merveilles, qui ne peut pas supporter les horreurs et qui cherche les solutions pour qu'il y en ait moins. Celui-là peut être entendu parce qu'il a agi.

L'homme politique, techniquement compétent, peut bien intervenir pour « l'accès à tous », « la lutte contre la misère », « l'action concertée contre le chômage », mais si, tout en parlant, il ne pense qu'à sa partie de golf du lendemain, il ne sera pas entendu. Pour convaincre, les arguments sont nécessaires. Mais les actes le sont davantage.

Qu'ils osent, les contagieux ! Qu'ils n'hésitent pas à utiliser les médias ! Leur action galvanisera l'opinion. Et parce qu'on les aura écoutés, on leur redonnera la parole ! Ce sont eux qui somment d'agir les responsables et l'opinion publique, en les rendant plus clairvoyants et en leur imposant simultanément deux types d'action : l'action d'urgence – le secours immédiat : « Tu as faim, voilà à manger » – et la planification, qui n'est plus aujourd'hui à l'échelle du pays, mais à celle de l'Europe, à celle du monde.

L'an dernier, au moment où s'ouvrait le débat sur le budget du logement, j'ai écrit aux députés et aux sénateurs :

« Messieurs,

Vous devez prendre, tout de suite, deux décisions :

1. reconnaître comme "catastrophe nationale", avec toutes les conséquences de droit et de devoir que cela implique, le fait qu'en France deux millions et demi de familles sont mal logées et que quatre cent mille personnes couchent dehors ;

2. établir immédiatement, dans le cadre du plan, quelque "haut comité pour l'habitat des défavorisés". [...] Vous ne pourrez jamais dire, sénateurs et députés, après ce que je vous écris cette nuit (il est trois heures du matin) : nous ne savions pas. »

Plus tard, je leur ai écrit :

« Ne nous regardez pas en ennemis de l'ordre, en adversaires du pouvoir. Nous avons pour seule volonté de vous aider à être dignes de vos charges selon la loi de paix et de vie : servir premiers les plus faibles. »

Devant le malheur qu'entraîne la montée du chômage, il va falloir s'atteler simultanément à deux tâches : celle qui a trait à l'automatisation (afin de produire mieux et plus sans écraser l'homme) et celle qui a trait au temps libre. Faute de quoi, les oisifs se révolteront et casseront l'usine. D'ailleurs, il ne faudrait pas employer ce mot d'oisifs ; mieux vaudrait parler d'« humanité disponible ».

Léon Blum avait créé un ministère des loisirs. Il y a aujourd'hui la place pour un ministère responsable des bonheurs non liés à des tâches rentables.

Il va falloir inventer les moyens de rendre rentables des tâches utiles et qu'on néglige. Il n'est pas question, bien entendu, de revenir sur les progrès de l'automatisation. Si l'usine ne veut pas faire faillite, il faut bien qu'elle vende au même prix que le concurrent asiatique qui ne paie pratiquement pas de charges sociales. Pour créer ces tâches utiles, il suffit d'un peu d'imagination. Par exemple, on nous parle tous les étés des incendies de forêts… Or, on sait bien que ce ne sont pas les chênes ni les sapins qui brûlent d'abord, mais les broussailles. Jadis, avant qu'il y ait des machines, les ouvriers agricoles, qui n'avaient rien à faire pendant l'hiver, débroussaillaient. Aujourd'hui, on n'a plus besoin d'ouvriers agricoles. Du coup, on a de plus en plus de chômeurs enfermés dans les cages à lapins des immeubles en béton. Je suis convaincu que des jeunes de vingt, vingt-cinq ans qui ne trouvent ni travail ni logement seraient d'accord pour se mettre au service des régions et nettoyer les sous-bois… Si je n'étais pas si vieux, je m'attellerais à une tâche comme celle-là, et j'inciterais les jeunes à créer des coopératives pour ces travaux, et pour bien d'autres, leur rendant ainsi l'espoir de fonder une famille.

Il va falloir, plus que jamais, faire preuve d'imagination, d'une imagination respectueuse du réel.

Un ami américain m'a dit, mi-sérieux, mi-blagueur : « Un jour viendra où, lorsqu'il y aura surproduction alimentaire, on trouvera un truc pour envoyer ces surplus vers l'Antarctique, qui deviendra le frigo de l'humanité. »

Il faut continuer à investir de l'argent dans la recherche, et – pourquoi pas ? – dans la recherche spatiale. Mais pourquoi gaspiller l'argent dont on a tant besoin en conservant des laboratoires pour chaque nation alors qu'ils font les mêmes travaux ? Chacun gardant jalousement le secret, tout le monde y perd et son temps, et son argent. Que la communauté scientifique mondiale soit donc comme une grande famille où tous cherchent ensemble !

Nous sommes au début de grands bouleversements. Le monde est à recréer. Il nous faut continuer de chercher, d'inventer. Et nous sommes condamnés à le faire ensemble : le savant américain avec l'Indien et le Russe, le militant syndicaliste avec le patron, les nations prospères avec les pays défavorisés…

Regardons la réalité telle qu'elle est : partout dans le monde, on met en place l'automatisation : des robots permettent de produire plus vite et mieux qu'avec la main-d'œuvre humaine. En même temps, des ingénieurs russes vont se louer à Hong-Kong pour un salaire cinquante fois supérieur à celui qu'ils avaient chez eux. En Asie du Sud-Est, techniciens de haut niveau et main-d'œuvre bon marché font tout basculer. Toutes les relations économiques sont à revoir.

Un débat comme celui du GATT n'est pas sérieux si on n'offre pas même un tabouret au tiers monde. Quand on voit, dans une même émission de télévision, des paysans français – qui pourtant ne sont pas des « méchants » – jeter leur blé devant une préfecture, et des enfants de Somalie devenus cadavres vivants... on doute de l'intelligence humaine.

La Terre ne produit pas trop. Mais elle produit davantage qu'il n'y a de consommateurs solvables. Comment seraient-ils solvables, les affamés, alors qu'on ne paie pas à leur juste prix le cuivre, le cacao, les ananas ?... Et ce juste prix, est-ce celui qui résulte de la concurrence ou celui qui permet de vivre aux hommes dont le travail nous est utile ? Ceux qui, chez nous, touchent les intérêts de l'argent qu'ils ont placé à la banque ne se rendent pas compte qu'ils spéculent sur la dette du tiers monde et qu'ils perçoivent là, sous une autre forme, la sueur de celui qui extrait le cuivre ou qui récolte le cacao, les ananas !

Si on ne revoit pas ce prétendu équilibre mondial, on va vers la catastrophe, l'explosion du désespoir des « de trop », des affamés, des « mis au rebut ».

Pour la première fois dans l'histoire de l'humanité, on ne se sauvera pas les uns sans les autres. L'humanité, c'est une tribu qui doit traverser un désert, conquérir plus qu'un continent : la Terre. On ne peut laisser massacrer les plus faibles... Il faudra retrouver une place pour chacun, une place utile. Autrefois, même l'idiot du village avait la sienne : il tirait le soufflet du forgeron, il mettait le bois dans le four communal... Nous avons à réinventer le village de la Terre, avec une place pour chacun, depuis le plus doué jusqu'au minus.

Nous sommes au pied d'une montagne. Des montagnes ont été gravies par des générations avant nous. Par la mienne, par les nôtres. Mais cette fois nous entrons dans une période qui n'est comparable à aucune autre : tout est global, tout est planétaire. Il faut donc refaire la cordée pour gravir cette montagne. Et là, tu joues ou tu ne joues pas. Tu n'as pas à choisir. À celui qui hésite – « On me demande trop, je ne sais pas, je ne peux pas… » – il faut dire : « Rassure-toi, de toute façon ça se fera. Tu y participeras, parce que tu y seras entraîné. Le courant t'emportera, bon gré mal gré. » Et ceux qui voudront lutter contre le courant, eh bien, ils boiront le bouillon ! C'est dans la mesure où l'on sera de bon gré, même sans avoir pris d'initiative, que ça se fera. Douloureusement. Mais ça n'a pas été marrant pour nous non plus de vivre le siècle qui se termine : deux guerres mondiales, les dictatures, la shoah… Ça n'était jamais arrivé, avec cette ampleur, dans l'histoire de l'humanité. Bon, on l'a vécu.

Avec la menace de la destruction de la planète, avec la mondialisation de l'économie, un autre type d'homme est né. À ceux qui sont au seuil de l'âge adulte, je dis : « Allez-y. Prenez vos risques ! »

Une humanité plus humaine

Je n'éprouve aucune nostalgie de l'enfance, de la jeunesse, aucune nostalgie des jours anciens. À quoi ça sert de pleurnicher sur ce qui a été ? Occupons-nous de choses sérieuses.

L'histoire de l'humanité me passionne, et plus j'y réfléchis, plus je la vois comme une succession d'humanités, radicalement différentes entre elles. Avec la maîtrise du feu, l'invention de la roue, celle de l'agriculture… et, plus près de nous, la machine à vapeur et l'électricité. Soudain tout bascule et l'homme n'est plus le même.

Et la prise de conscience du cosmos ! Les savants en sont déjà à plus de deux milliards de galaxies et, avec le télescope par satellite, on nous promet d'autres mondes encore. J'attends avec impatience ce que vont nous dire ceux qui mettront leur œil à l'oculaire…

Nous voici arrivés au seuil d'émerveillements imprévisibles, et en même temps à un niveau de cruauté qui, hier encore, était inimaginable.

Méditer sur ces réalités me conduit à la conviction qu'il ne s'agit pas tellement de s'interroger sur l'existence du bien et du mal, mais de se rendre à l'évidence que ce qui existe, c'est la liberté.

Aujourd'hui, l'humanité sait tout. Elle sait même qu'elle peut s'autodétruire. Avec la fin de l'affrontement entre les deux blocs, elle se regarde soudain dans la glace. Au temps du « vilain méchant rouge », les Américains (et nous aussi !) pouvaient se contenter de se dire – et de dire à une partie du monde – qu'ils étaient les « bons ». Aujourd'hui, ils sont obligés de voir dans le miroir non seulement les pauvres, plus nombreux que jamais, mais aussi les classes moyennes, exposées au chômage et qui vivent dans la peur.

L'humanité voit exister en même temps – comble de l'absurde ! – la surproduction et la surfamine et, parce qu'il y a abondance, les hommes désespérer. Ils désespèrent, les hommes, parce qu'ils sont de moins en moins utiles : la robotisation à l'échelle mondiale a détruit l'équilibre plus que millénaire qui était assuré par le travail. À quoi vont-ils servir demain ? Il va bien falloir qu'ils trouvent d'autres raisons d'être que « produire, manger, dormir ». Il va bien falloir que, même dans le chaos, ils inventent une autre manière de vivre. Ils y réussiront, j'ai confiance.

Tout cela fait un homme nouveau.

Une partie de l'humanité ira au désert, on verra se créer des communautés qui voudront vivre dans la pauvreté évangélique ; une autre partie vivra de la drogue et de commerces meurtriers. Quant à la multitude, elle sera ballottée entre les moines et les trafiquants. Elle devra s'inventer des tâches nouvelles, créer sa culture originale. Ça ne sera pas du tout cuit. Et peut-être qu'au bout du compte, l'histoire humaine se révélera n'avoir été, au travers de toutes ces contradictions et détours, que la marche de l'homme vers la reconnaissance de ce qu'il est : plus qu'un individu, une personne, c'est-à-dire, en chacun, signe de plus que lui-même.

Si je peux transmettre une certitude à ceux qui vont mener la lutte pour mettre plus d'humanité en tout, c'est – décidément, je ne peux pas écrire autre chose – : « La vie, c'est apprendre à aimer. »

À suivre…

Dieu merci

Prologue

Récemment, des amis m'ont interrogé sur la prière. J'ai d'abord été surpris, parce que personne ne l'avait fait depuis longtemps. Bien sûr, j'ai répondu avec joie à leurs questions. Mais, très vite, ces questions m'ont conduit à… m'interroger à mon tour.

Je tentais, au cours de l'automne, d'organiser mes réflexions lorsque j'ai été invité, dans la capitale de l'un des pays les plus riches du monde, à animer une journée sur la pauvreté et l'exclusion où se retrouvaient ceux qui se nomment eux-mêmes des décideurs. Tout de suite après la messe que je célébrai pour tous, comme je le fais chaque soir dans la petite chapelle d'Esteville, j'ai rejoint mes hôtes pour le souper. Salon chic d'un hôtel de luxe. Serveurs en grande tenue attendant, immobiles dans leur mise impeccable, de présenter des mets somptueux et raffinés, vaisselle étincelante sous les lumières conjuguées des lustres et des chandeliers. Profusion.

Et voilà que l'on m'invite à faire la prière. J'ai cru que le cœur allait me manquer. Lorsque, enfin, j'ai pu parler, je me suis entendu dire :

« Mes amis, je ne ferai pas de prière. Pouvez-vous réaliser le grotesque et l'indécence de la situation que nous vivons ? Vous souvenez-vous qu'après qu'il eut célébré la première messe, Jésus est entré en agonie ? Et ici, après la messe, on a organisé un scandale. Ne pensez-vous pas que pour clôturer votre rencontre sur les pauvres et les exclus, le dîner aurait dû, tout naturellement, être composé d'un potage et de deux sardines ! Ne me demandez pas d'être à l'aise maintenant. Si je participais de bon cœur à ce banquet, je ne pourrais pas regarder en face ceux que je vais rencontrer demain, les malades en fin de vie à l'hôpital, les jeunes en prison. Je les trahirais.

Quel serait le sens de la prière que vous me demandez de faire avec vous ? Votre invitation m'oblige à vous dire la vérité : il ne suffit pas de prier. Le monde est en guerre. Plus de la moitié de l'humanité manque de l'essentiel. Vous vous dites chrétiens... alors vous devez savoir que la foi conduit à prendre des risques. L'Esprit qui nous a faits croyants nous pousse à être des croyants croyables. Le sommes-nous ? »

Sous le coup de l'émotion et de la colère, j'avais dit ce qui est, pour moi, le sens de la prière. N'a-t-on pas, trop souvent, pris l'habitude de prier pour dire : « Merci de m'avoir donné ce qui me satisfait » ou « Donne-moi ce que je désire » ?

Pour moi, la prière ne peut jamais être expression de la satisfaction, elle ne peut pas non plus se réduire à la demande, même si elle inclut tout naturellement la supplication et la reconnaissance. La prière est essentiellement dans l'Adoration.

Mais l'Adoration est-elle possible lorsque de toute part montent les périls et que l'humanité a peur pour son avenir ?

Il me semble qu'il faut dire des paroles graves à toutes celles et à tous ceux qui, dans le présent et dans ce que l'on peut deviner des années prochaines, se trouvent, à travers toute la terre, étreints par l'angoisse.

La grande pitié du monde

Osons d'abord entendre le désespoir de tous ceux – plus des deux tiers de la population mondiale – qui ont faim, qui n'ont pas de travail, pas de logis, pas d'école. Pire, ils savent aujourd'hui comment vivent les autres, c'est-à-dire nous. Mais nous aussi, les privilégiés, nous vivons dans la peur : à cause de l'injustice, prélude des révoltes, à cause de la précarité de tout, à cause de l'incertitude qui brouille notre vision de l'avenir.

Parmi nous, il y a ceux qui veulent s'étourdir et qui, pourtant, ne sont pas épargnés par l'angoisse : ils vivent dans le stress ou dans l'ennui ; il y a ceux qui, lucides, voient la détresse de ceux qui sont exclus du banquet et qui craignent l'insurrection du désespoir.

La nécessité absolue – que ce soit par bon cœur ou simplement par réalisme – est celle d'une pitié immense qui s'ouvre à la dimension du globe tout entier, à la dimension des milliards d'êtres humains, semblables à nous, qui y vivent.

Si nous regardons l'univers, si nous ne nous dérobons pas, nous voici dans le tourment. Cette pitié essentielle, nécessaire, est au-dessus de nos forces. Comment, habités par la conscience de l'immensité de la tâche, faire pour ne pas renoncer à la recherche de la paix intérieure, dont nous savons qu'elle est la condition contagieuse de toute paix ? L'homme ne peut pas s'en passer, de cette paix.

Je relis souvent les lettres de François Garbit, le confident de mon adolescence : aujourd'hui encore, elles font écho à mes réflexions. Celle-ci a été écrite alors qu'il était en Mauritanie ; il avait vingt-quatre ans et j'en avais vingt-deux. Depuis trois ans, je vivais au couvent l'expérience dont j'ai su plus tard que sans elle rien de ce que j'ai eu à vivre ne m'aurait été possible.

Cher petit capucin,

La paix n'est pas mon partage.

Je profite pour t'écrire d'une journée de dimanche dont la paix profonde devrait calmer le tumulte de mon âme.

Déjà, la chaleur est revenue. La cour du poste, faite de petits coquillages, brûle sous le soleil. Les bâtiments gris fondent dans cette blancheur. Seules se découpent, dures, profondes et bleu-noir, les ogives des portes. Par-dessus le mur d'enceinte, au-delà des barbelés et de quelques tentes, la dune rouge semble vaciller dans la lumière. Tout dort dans le poste, de ce sommeil accablant de midi. Au loin, une femme pilant du mil rompt, seule, le silence étouffant, et son geste a la régularité implacable de l'horloge.

C'est une atmosphère de paix intérieure qui m'entoure et, bien que je la sente, elle ne me pénètre pas.

Oh ! toi qui connais la grande paix de l'âme qui aime Dieu, pense à moi.

Par le sacrifice brutal et déchirant fait à Dieu de tes vingt ans et de tous tes espoirs, tu l'as bien gagnée, cette paix qu'il doit te faire sentir à l'ombre d'une chapelle obscure, où vacille seule sa flamme à Lui.

Pense à ceux qui n'ont pas eu ton courage et prie pour eux.

[...] Ma vie pourrait et devrait être splendide. Pourquoi faut-il que mon cœur soit troublé ?

Parfois, je me souviens d'heures de paix ineffable, celles, par exemple, que j'ai goûtées dans ta chapelle, tout seul. [...] La paix habitait cette maison et cette paix m'avait pénétré.

Prie pour que je retrouve cette paix.

Ce que, si instamment, François Garbit exprimait alors, combien de fois l'ai-je entendu depuis, formulé plus ou moins explicitement par des femmes et par des hommes en désarroi.

S'arrachant aux étourdissements, celui qui pense au sens de cette vie et qui cherche la paix se demande : Où vais-je la trouver ? De qui vais-je la recevoir ? Quel sera l'ami qui pourra me la donner ? Nous le savons, aucun humain ne peut nous donner ce dont nous avons besoin pour être à la hauteur des exigences de cette nécessaire et immense pitié.

Cependant, du plus profond de lui-même, va naître au cœur de l'homme qui ne se dérobe pas un élan qui prend la forme de ce que l'on appelle la prière.

La prière est une.

Au Sinaï, Dieu dit à Moïse : « Tu aimeras le Seigneur ton Dieu de tout ton cœur, de toute ton âme, de toute ta force et de toute ta pensée, et ton prochain comme toi-même. » La prière, c'est cette application à aimer Dieu, dans l'échange que tout amour comblé anime. Et, comme je l'ai souvent dit, aimer Dieu *quand même* :

malgré les tuiles, malgré les horreurs, malgré les crimes au Rwanda, dans l'ex-Yougoslavie et dans tant d'autres lieux.

Mais nul ne peut faire Dieu captif. Dieu ne peut être captif que quand il le veut. Libre, Dieu a voulu la liberté de l'homme, y risquant sa gloire ! Alors il se fera insulter parce qu'il a accepté de rester prisonnier de la liberté à laquelle il ne se substitue pas. Sauf, de temps à autre, par le miracle.

La responsabilité humaine – intérieure et extérieure – existe depuis le premier commandement. Les hommes le savent, pas seulement ceux qui l'ont appris en famille ou au catéchisme. Le Saint-Esprit a bien d'autres moyens que nos sept sacrements ! Les rues sont pleines de croyants et d'agnostiques qui participent de cette prière une. Que de fois j'ai rencontré des hommes et des femmes, complètement ignorants de la communauté de l'Église, animés par une réelle vie spirituelle. Ils ont une âme de prière.

Si l'on veut réglementer la prière par un code de droit canon, c'est fichu. La prière, ça n'est pas du ressort des savants, des exégètes et des administrateurs.

Pas plus d'ailleurs qu'Emmaüs n'est du ressort des managers et des experts. Un jour, nous avions invité un sociologue à participer à une réunion de responsables. À la fin de son topo, une fois démontés tous les mécanismes, l'un d'entre nous lui a dit : « Tu nous as bien montré comment une abeille peut faire du miel. Maintenant, essaie donc d'en fabriquer une qui en fasse… T'es pas foutu de la remonter ! »

Il avait raison : il y a dans Emmaüs quelque chose d'un autre ordre. En 1954, j'écrivais, à l'intention de ceux qui désiraient rejoindre, pour un temps ou pour toujours, le compagnonnage d'Emmaüs :

Puissent-ils, nombreux, trouver ici
la réponse…
la réponse à leur faim,
tous ceux-là
qui observent, et s'émeuvent,
et sont aspirés – chacun selon sa vocation
secrète –
à vivre en ce rafraîchissement,
en cette régénérescence,
dans ce ressourcement
dont Emmaüs nous a été le chemin,
sur quoi à Emmaüs se sont rouverts et nos
yeux, et nos lèvres,
face aux faces torturées
des fils des hommes…
[…]

Tous ceux remués, mis en chemin,
tant aspirés vers cette consécration de tout
dans le don de tout soi-même,
avides de scruter
les tréfonds ombreux
de cette mystérieuse perpétuelle Réalité
qui, sans cesse dédaignée, rejetée,
irréductible
sans cesse reparaît
appelant le cœur des humains,
ici, là, de toutes parts,
sous tant de formes, en tant de lieux,
en tous les temps.
Réalité qui est le tout d'Emmaüs,
comme est le tout, irrésistible,
de quiconque s'est laissé prendre
à aimer de nouveau pour de vrai.
[…]

Réalité sans nom
sans nom possible
parce que, infinie, quel nom pourrait la nommer
autre que celui de l'Éternel ?

Cette action de ceux qui s'engageaient et qui s'engagent au service des plus pauvres, des plus souffrants, est prière.

Quel dommage que dans le catéchisme, tant de spécialistes, comme intimidés, se contentent de n'offrir qu'une présentation désincarnée de la prière.

La maman qui voit mourir son enfant, alors qu'elle a tant prié pour qu'il guérisse, est désespérée : « Dieu n'écoute pas ! »

Il écoute. Il souffre avec elle comme il a souffert avec son enfant…

Mais la prière, sans être étrangère aux douleurs humaines, est d'un autre ordre.

Comme un enfant, la main dans la main de son père

Au temps de Jésus, la prière était chose bien compliquée. Les scribes, c'est-à-dire les savants, les érudits, en avaient fait une sorte de métier très difficile. Un jour, dans cette relation de confiance qui les unissait à Jésus, les disciples lui ont demandé :

« Maître, dis-nous comment prier…

– Lorsque vous prierez, vous direz simplement : Notre Père qui es aux cieux. »

Depuis lors, il n'est pas nécessaire d'être savant pour être capable de prier.

Vous savez que le curé d'Ars passait beaucoup de temps dans son église. Il avait remarqué que, chaque soir, alors que se terminait le dur labeur sur cette terre des Dombes, un vieux paysan arrivait clopin-clopant, posait ses outils contre le mur de l'église, abandonnait ses sabots à la porte et entrait silencieusement. Il restait longtemps, dans un coin retiré où l'on ne pouvait guère percevoir sa présence.

Et un jour, le curé d'Ars, n'en pouvant plus de curiosité, l'aborde :

« Mon ami, que faites-vous là, quand vous restez si longtemps ?

– Oh ! Monsieur le Curé, je l'avise, et il m'avise. »

Réponse merveilleuse de ce paysan qui ne savait ni lire ni écrire : « Je le regarde avec les yeux de mon cœur, avec les yeux de mon âme, avec les yeux de mon intelligence. Je le regarde comme une fleur s'offre vers le soleil. Je le regarde et il me regarde. » Quelle espérance !

C'est cette espérance qui aide à vivre, qui aide à prier. Chacun sait que dans toute vie spirituelle il y a des ténèbres. Même pour ceux qui se tiennent présents, la voile tendue, il y a des jours où il n'y a pas de vent. Mais, parce qu'il a dans son cœur cette espérance, le croyant sait que le Vent viendra, poussant vers la Rencontre épanouissante, éblouissante…

Nous parlons de la Rencontre, parce que Dieu est Quelqu'un. Au-delà des superstitions de ceux qui disent « Dieu de bonté », « Dieu de justice », « Dieu nôtre », etc., au-delà des conceptions glaciales d'un Dieu terrible, grand et lointain, la Révélation advient ! Elle se produit en nous et au-dehors de nous. Elle nous dit que l'Éternel existe et que, oui, il est véritablement Quelqu'un avec qui le dialogue peut s'établir. Il est cet ami que je cherchais vainement parmi les hommes, mes frères, et qui va m'élever à la hauteur de l'exigence de cette pitié immense dont je suis, avec mes seules forces d'homme, bien incapable.

Dieu est là. Il existe éternel et personnel. Mais ce n'est pas assez. Il est Père.

Père, il engendre le Verbe, et ce Verbe, plénitude de l'image de lui-même, il ne peut pas ne pas l'aimer d'un amour infini. Et voici que, dans l'haleine d'un mutuel baiser entre le Père et le Verbe s'aimant, surgit dans l'immuable la réalité de l'Esprit saint. Esprit, c'est-à-dire vent, cette réalité qui n'est rien si elle cesse de se mouvoir (et de tout mouvoir). Le souffle de l'Esprit naît de l'amour du Père pour le Verbe et du Verbe pour le Père.

L'Éternel est Quelqu'un. À la fois immuable et débordant de vie, d'Amour.

Yahvé, « Je Suis ». Amour, *« Deus caritas est »*, dit saint Jean.

Mais ce n'est pas assez encore. Il est notre Père. Il n'est pas seulement le père de chacun des humains. Lorsque Jésus dit : « Vous direz : notre Père », il ne dit pas : « Chacun d'entre vous, vous direz : mon Père. » La relation personnelle qui s'établit entre lui et nous, qui sera notre force et notre salut, est en même temps l'affirmation de la communauté familiale qui existe entre nous tous, ses fils.

Notre Père ! Aucun d'entre nous ne peut se l'approprier, aucun d'entre nous ne peut penser être véritablement conforme à son désir et à son amour s'il n'est pas dans la communion de ses frères. Je ne suis plus ton enfant, Seigneur, si je ne suis pas le frère de mes frères et si ce n'est pas ensemble que nous sommes tes enfants. C'est ce qu'écrit Péguy :

> Il faut se sauver ensemble
> Il faut arriver ensemble au Paradis
> Il faut se présenter ensemble au Paradis.
> Il ne faudra pas arriver trouver le Bon Dieu les uns sans les autres
> Il faudra revenir tous ensemble dans la maison du Père.
> Il faut penser un peu aux autres

Il faut travailler un peu les uns pour les autres
Qu'est-ce qu'il nous dirait si nous arrivions les uns sans les autres ?

Quand on n'y comprend plus rien, dans les périodes que tout le monde peut connaître lorsque tout est brouillard, alors que l'on doute de soi et de tout, le refuge c'est le Notre Père.

« Écoute Notre Père, il peut tout. Il nous aime. Alors ? Alors ? » J'ai été bouleversé, jadis, en lisant cette phrase écrite par le père de Foucauld : « Quel merveilleux sentiment filial. Il m'aime, il peut tout, alors que craindrais-je ? »

Comme le petit enfant qui ne doute pas de la puissance et de l'amour de son père, je peux m'abandonner la tête sur son épaule, ou plutôt je peux, la main dans sa main, avancer sans peur, faisant de mon mieux ce qui dépend de moi sachant que, lorsque j'aurai bien fait de mon mieux, s'il est encore quelque étape à parcourir pour laquelle je n'en puis plus, « dans la mesure où j'aurai été véritablement votre enfant, Seigneur, dans la mesure où j'aurai été véritablement avec tous mes frères, où nous aurons tous ensemble essayé d'être vos enfants, alors de quoi aurions-nous peur ? Ne savons-nous pas que vous nous prendrez dans vos bras tout-puissants et que vous nous ferez franchir l'étape que nous aurons été incapables d'accomplir nous-mêmes, mais vers laquelle nous nous serons acheminés à la mesure de nos moyens ? » Quelle sérénité, quelle joie, quelle paix !

Une histoire que j'aime beaucoup illustre bien ce que le père de Foucauld a écrit : alors que Dieu l'accueille, un homme revoit tout le chemin de sa vie. Il en suit la trace sur le sable et découvre les empreintes d'un autre marcheur à côté des siennes. Et voici que son chemin s'engage dans un passage plus difficile ; et là, n'apparaît plus qu'une seule empreinte…

« Seigneur, où étais-tu à ce moment-là ?

– C'était si difficile… Alors, je t'ai porté sur mes épaules. »

C'est donc avec confiance que nous disons : « Notre Père qui es aux cieux ». Car nous savons qu'il est au-delà de cet univers, qu'il est d'une nature tout autre que tout ce que je vois, que tout ce que je peux connaître.

Nous disons « les cieux » parce que cette image rend compte de ce que nous vivons avec notre foi qui révèle à notre pauvre regard tour à tour ténèbres et splendeur.

« Les cieux », dans l'état actuel de notre science, c'est l'image de l'infini.

Avec le Notre Père, on se remet au cœur du concret dans lequel nous sommes plongés, dans la matière dont nous sommes faits, dans laquelle nous devons vivre.

Dans chaque mot de la prière que Jésus a apprise aux hommes, il y a l'essentiel de notre foi et de notre humanité.

« Que ton nom soit sanctifié ! »

Sanctifié, comme sacré, signifie ce qui est mis à part. Par la prière, l'une des expressions naturelles de l'Amour, nous affirmons qu'on ne touche pas au nom de Dieu, c'est-à-dire à Dieu.

Nous sommes fâchés, à juste titre, lorsque notre nom est utilisé n'importe comment. Il faut sanctifier les noms. Avec le nom de Dieu, avec le nom de chaque homme, on ne joue pas. Il faut donner sens et signification à la création, à tout ce que Dieu a établi et voulu par amour. Comment ne pas sanctifier le nom du Père, ce nom merveilleux, dire « Abba », comme nous disons « Papa » !

Lorsque nous disons « Notre Père » – « Abba » – « Pater », lorsque nos lèvres le murmurent en supplication, ou lorsqu'elles le prononcent simplement par amour, souvenons-nous d'accomplir sa volonté. « Que ton règne vienne. Que ta volonté soit faite. » Ces mots, de confiance toujours, nous engagent à accomplir nos devoirs.

Et nous retrouvons là notre angoisse, notre peine, celle que saint Paul exprime dans une plainte : « Je ne réussis pas à accomplir le bien que je veux, mais chaque jour je commets le mal que je ne veux pas faire. » Désespérante condition humaine.

Mais pensons, dans notre détresse, que l'homme n'est ni orphelin ni sans patrie.

Nous voyons que c'est honte, stupidité et lâcheté de croire qu'il est possible d'être heureux sans les autres… mais nous ne sommes pas capables de nous élever tout seuls à cette tension vers la perfection à laquelle pourtant il ne nous est pas possible de nous dérober. Car s'y dérober engendre malheur, révoltes et catastrophes. Comment brancher la vie sur la joie ? Où trouver la source d'énergie ? Il n'y a qu'un moyen. Regardant loyalement la réalité de la terre, et à travers elle tout ce qu'elle révèle, mais aussi tout ce dont elle est signe, il nous faut aller au-delà et remonter jusqu'à la cause. Si l'on rejette le mystère, il ne faut pas tricher : il faut reconnaître que, alors, tout est absurde et que toi et moi, nous existons pour rien.

À quoi bon ces merveilles que la science nous découvre chaque jour, à quoi bon cette usine prodigieuse qu'est l'univers ?

Si l'humanité n'est pas une rencontre avec de l'Absolu, de l'Infini, cette humanité n'est que bulles de savon qui jaillissent dans l'air pour aussitôt disparaître. Pour quoi ? À quoi ça sert ? Qui est-ce que ça amuse ? L'absurde me répugne. Bien plus que tout ce que peut dire la raison, le mystère me fait respirer.

Quand on regarde le soleil en plein midi, on voit tout noir. Comme si c'était la nuit. Ce n'est pas parce qu'il n'y a pas de lumière, c'est parce qu'il y en a trop. Faire un choix radical, entre se perdre dans l'absurde ou affirmer que l'Éternel Est, *Est Amour*, c'est le fondement même de la foi. Nous sommes là dans le mystère de l'affirmation de la foi qui, par intuition d'amour, éclate au fond du cœur.

Le roc et le gouffre

Les mots de ma foi d'enfant étaient d'abord ceux de la piété familiale ; puis ils ont été ceux du petit catéchisme que nous devions pouvoir réciter par cœur. Jusqu'au jour où il a fallu que cela devienne ma foi. Je l'avais jusqu'alors connue d'autorité, il était temps que je me mette à la penser. Auparavant, il suffisait que je sache. Dorénavant, il fallait que je commence à connaître. Je suis donc allé de mon propre chef racheter ce fameux catéchisme qui n'était plus obligatoire. Déjà j'avais acheté le Nouveau Testament que je lisais beaucoup.

Je me souviens que le jour où j'ai dit ma décision d'entrer au noviciat, ma grand-mère est venue, presque timidement, me dire : « Tu ne vas plus avoir besoin de tes Évangiles, est-ce que tu peux me les donner ? » Et chaque soir, pendant les derniers mois passés à la maison, quand j'allais l'embrasser, j'étais très ému de voir ma bonne vieille grand-mère – qui ne manifestait par aucun signe sa dévotion – lire ces textes que j'avais annotés avec tant de ferveur.

Je dois avouer que je n'ai guère, au cours de ma vie trépidante, poursuivi cette méditation continue des textes de l'Évangile, en tout cas pas autant que je l'aurais voulu. Certes, j'avais choisi d'entrer dans la famille de saint François d'Assise dont la spiritualité est tout entière orientée vers la personne de Notre Seigneur, mais ce n'est pas cette relation qui a animé ma spiritualité. Car mon âme avait été balayée par l'ouragan du « Je Suis celui qui Est ».

Effectivement, ce mystère m'habite depuis mon adolescence. S'il m'est impossible d'exprimer ce qui a été vécu alors, je peux aujourd'hui essayer de décrire l'état d'esprit dans lequel je me trouvais lorsque l'événement s'est produit.

Avec une grande impatience et une certaine ivresse, je butinais chez les poètes et les philosophes, dont je dois avouer n'avoir jamais lu l'œuvre entière, et je trouvais… de quoi alimenter mes rêveries et continuer à patauger dans des eaux vaguement panthéistes.

Un jour que j'étais ainsi occupé à bouquiner, seul dans ma chambre – nous avions chacun notre chambre dans la grande maison de Lyon –, je parcourais distraitement le texte du Buisson ardent… Ce n'était d'ailleurs pas dans une Bible, je ne sais plus dans quel ouvrage… Le Buisson ardent, je connaissais, bien entendu, j'avais rencontré ce récit des dizaines de fois dans les livres d'images de notre enfance très chrétienne. Et cette fois-là, au moment où ma lecture est arrivée à la réponse : « Je Suis », et plus encore à : « Je Suis m'envoie vous dire qu'il faut partir… », j'ai ressenti un choc intérieur. Ce « Je Suis », je l'ai reçu comme l'appellation qui disait très exactement la Personne, l'Être incommunicable.

Oui, je m'en souviens comme d'un choc : je n'étais plus dans le marécage. Je prenais appui sur un roc.

Ce jour-là, pour la première fois, je me trouvai en état d'Adoration.

Il y avait certainement eu auparavant des moments de très grande ferveur, comme en connaissent tous les enfants vivant dans une famille croyante. À l'époque d'ailleurs, par la lecture pieuse de l'Évangile, c'est à travers l'humanité de Jésus que nous rencontrions l'Amour de Dieu. En tout cas, ce jour-là, soudain s'ouvrait une profondeur infinie. Le gouffre et le roc : les pauvres images auxquelles j'ai recours semblent contradictoires, pourtant l'une et l'autre expriment l'Infini. Au moment même où m'était donné l'appui absolument sûr du roc, c'est comme si ce roc s'était ouvert, si bien que l'esprit, comme dans une nuit merveilleuse, se tournait, éperdu, vers les soleils et les galaxies que jamais on ne saura dénombrer. Parfois, au long de ma vie, je me suis gourmandé à propos de cette période pendant laquelle l'adoration du « Je Suis » m'avait suffi. N'était-ce pas là encore un état d'esprit philosophique, une exaltation de nature ontologique plus que l'Amour de l'Être infini ? Pourtant, ce serait une erreur, j'en suis convaincu, d'imaginer que cette connaissance-là rende compte de ce qui se passait en réalité. Il est impensable qu'une simple réflexion philosophique m'ait conduit à la vie que j'ai menée ensuite au couvent capucin, à dormir sur la planche et à me lever toutes les nuits pour deux heures d'Adoration. Je ne pense pas que beaucoup de philosophes en soient venus là, pour des raisons purement rationnelles !

Ensuite est venue l'expérience d'Assise.

Il y a eu le premier temps, après que j'eus marché dans la nuit et que je me fus retrouvé au pied de la forteresse. Émerveillement de ce ciel si clair alors que l'aurore commençait de paraître derrière les collines. Et au paroxysme de cette émotion, le carillon des cloches qui montait des innombrables couvents de la ville. Cette expérience-là est d'ordre esthétique ; ce n'était pas de l'adoration, même si la beauté est un des noms de Dieu.

Quelques heures plus tard, je me suis retrouvé, un peu ridicule, à califourchon sur un mulet (je n'étais pas encore tout à fait rétabli d'une récente maladie), au milieu de mes camarades du collège qui montaient à pied le chemin, alors sentier muletier, qui mène aux Carceri. Et c'est là, au cours de la visite, que j'ai vécu l'un de ces moments qu'on ne peut décrire, pour lesquels il faudrait laisser deux ou trois pages blanches. Était-ce ce que j'entendais de la vie de saint François, était-ce l'architecture extraordinaire qui avait accroché à la montagne les pauvres bâtiments qui s'ajustent si parfaitement avec les grottes, était-ce… ? Mais quoi ! Il fallait que quelque chose m'y ait préparé, il fallait que je me sois trouvé là comme la cire un peu chauffée sur laquelle le sceau va s'inscrire, pour que me soit arrivé ce qui ne peut se dire. Je me suis séparé du groupe des collégiens, je me suis éloigné le long de cette allée au flanc de la montagne et là, j'ai eu cette espèce de double et vive certitude – je préfère ici ce mot à celui d'éblouissement – de la communion humaine et de l'intensité d'action qui, l'une et l'autre, émanent de l'Adoration. Je découvrais alors une universalité bien plus concrète, bien plus réelle que celle que j'avais approchée par mes rêveries plus ou moins panthéistes. Tout ce qu'est la spiritualité de saint François : « ma sœur l'eau », « mon frère le soleil » …, mais aussi l'universalité de la communion entre les êtres humains. J'en avais besoin, de cette dimension-là, c'est cela que je cherchais… Mais tout cela serait peut-être resté velléités si l'année suivante, de nouveau au repos pour plusieurs mois à Cannes, ne m'était tombé entre les mains le livre de Joergensen, ce Danois converti au catholicisme, par qui j'ai alors connu jusque dans le détail l'histoire et la spiritualité de saint François. Je trouvais comme une confirmation de tout ce que j'avais vécu intérieurement sans pouvoir le conceptualiser. C'est enrichi, comme lesté par cette lecture, que j'ai pris la détermination de tout laisser.

Dorénavant, mon adoration ira vers « Je Suis est Amour » : l'expérience ontologique de mon adolescence lyonnaise s'était transformée en révélation de foi. Grâce à Jésus, j'ose appeler Père celui qui a dit : « JE SUIS m'a chargé de vous dire… » et par la prière je m'adresse à Quelqu'un qui non seulement est une Personne, mais qui dans cet Amour absolu des Personnes divines est unique et trois fois personnel dans l'Unité.

Le pain de toutes les familles

« Donne-nous aujourd'hui notre pain de chaque jour. » Ce « donne-nous » est souvent le commencement, parfois même l'unique objet et la finalité de la prière. Et pourtant, nous l'avons vu, la prière n'est pas dans la demande, même la plus justifiée, la plus sacrée ! « Mon Dieu, guérissez mon fils », « Mon Dieu, arrêtez la guerre en Yougoslavie », « Mon Dieu, nourrissez ceux qui ont faim », cela ne peut suffire ! Certes, Jésus a dit : « Demandez et vous recevrez. Frappez et on vous ouvrira » et cette réalité est inscrite dans la prière. Peut-on prier dans l'indifférence de l'enfant qui meurt au Rwanda ou des habitants de Sarajevo sous les bombes ?

Mais si l'on s'en tient là, comment ne pas être déçu ? Quand on convoque la multitude « pour une journée de prière pour la paix », ne sait-on pas que l'on risque que les gens un peu sensés s'en aillent en se demandant en quoi cette prière a servi à amener la paix en Bosnie, au Rwanda ?

Car si prier, c'est demander la paix, il ne s'agit pas de la paix des armes, mais de la paix des cœurs, de laquelle dépendra finalement la paix des armes. Car si prier, c'est demander le pain, il faut savoir que le pain est le produit de notre travail. De Dieu viendra la force pour l'accomplir. Le pain, il est surabondant sur terre, mais ce n'est pas à Dieu de le distribuer. Certes, il est des terres arides, mais nous savons que le désert peut devenir fertile pour peu que l'on procure à nos frères qui y vivent graines, semences et engrais appropriés. Que ton âme soit dans la paix de Dieu, qu'elle rayonne, cette paix, autour de toi, que de proche en proche elle soit contagieuse, à la dimension de la planète… mais ce n'est pas ça qui te dispense de voter !

« Donne-nous aujourd'hui notre pain de chaque jour » : en même temps qu'une supplication, une prière et une espérance, c'est un devoir qui nous est indiqué là. Lorsque, une fois passée la toute petite enfance, l'enfant sait ce qu'est un père, il en attend le pain, toutes les sortes de pain dont il a besoin. Mais, dans cette espérance confiante, ne prend-il pas conscience que, relativement à son père et par son intermédiaire, des devoirs lui sont imposés ? Ces devoirs n'ont rien d'arbitraire. Ils sont dictés par une loi vitale, irremplaçable, qui ne peut être autrement qu'elle est. De même que la rose ne peut fleurir sur le rosier sans respecter les lois de sa nature, chaque être doit suivre la loi de notre raccordement à Dieu, la loi de la famille planétaire.

S'il est vrai que le Seigneur donne aux hommes la possibilité du nécessaire, il ne faut pas s'étonner qu'il l'ait donnée dans des proportions diverses, avec des inégalités dans la possession qui correspondent à des inégalités de responsabilités. Là encore c'est comme dans une famille. Il y a les aînés et les tout-petits. Demain les aînés seront des vieillards et ils auront besoin de ceux qui, hier, avaient tant besoin d'eux. Il ne faut pas s'étonner que le Seigneur ait voulu ces inégalités, ou qu'il les ait permises. Elles nous tracent des devoirs et nous montrent un ordre d'échange d'amour. Elles sont l'épreuve dans laquelle soit nous nous révélerons les enfants de ce Père, frères parce que enfants du même Père, soit nous refuserons en même temps cette paternité et cette fraternité. Et quand on rejette la paternité, on se retrouve enfant abandonné.

Au centre du Notre Père donc, entre les trois premières et les trois dernières phrases, le Seigneur pose une donnée matérielle, une seule, celle du pain. Pourquoi ?

Le pain, c'est le fruit qui a mûri. Il exprime cette harmonie universelle, cette liaison que Dieu a voulue entre la nature et lui, qui s'établit à travers l'homme, en passant par tous les échelons de la création.

Le pain, c'est cette réalité nouvelle qui naît de la moisson tout entière des fruits multipliés du blé. Il est quelque chose à la fois de broyé et d'uni. Les fruits, mis tous ensemble, deviennent la farine dans laquelle il n'est plus possible de distinguer ce qui provient de tel grain de blé ou de tel autre. Cette farine, mêlée à l'eau, au levain, à la chaleur, va devenir cette réalité merveilleuse qu'est le pain, quelque chose d'immolé, de sacrifié.

Le pain est un symbole. Il ne faut pas profaner le pain. Parents, apprenez à vos enfants à le respecter. Et en même temps, prenez conscience, en tant que citoyens, du crime de certains États qui, parce qu'ils en ont trop, ordonnent la destruction du pain en décidant l'arrêt de la production du grain. Car aujourd'hui il y a cette abomination : pendant que certains – deux milliards d'êtres humains – manquent du nécessaire, des

États prennent des décisions insensées pour des considérations d'intérêt relatives à des valeurs mortes. Ils ne sont pas conscients de l'accroissement inéluctable de la population et demeurent sourds à l'impérieuse nécessité de tous les partages.

Dans toute famille, il y a des forts et il y a des faibles. Ce qui est le signe de la famille, c'est que, chacun ayant fait ce qu'il peut faire, on partage le pain : tout le monde en a assez ; tout le monde a de quoi.

Quand nous prions, nous ne disons pas : « Donne-*moi mon* pain de chaque jour. » Jamais *moi*. Toujours *nous*. Et nous savons que Dieu ne se substitue pas à l'exercice de toutes les capacités qu'il a données à l'homme. Il féconde son travail : comme le dit saint Paul, celui-là a planté, celui-là a arrosé, mais c'est Dieu qui donnait la croissance. C'est lui qui a donné la réussite de tout ce travail, mais il a fallu que le travail précédât.

Le pain, condition de notre vie matérielle, est aussi condition de notre épanouissement spirituel jusqu'à la sainteté la plus haute, dans la mesure où nous saurons et où nous voudrons qu'il soit le pain de tous, à travers la Terre entière.

L'Éternel nous a donné sa parole, l'expression de lui-même dans le Verbe. Puis le Verbe est venu parmi nous, il est devenu un homme, l'un d'entre nous, et parce que l'homme s'était dérobé, le Verbe devenu homme est devenu victime, pour la rançon de tous. Et en même temps qu'il s'offrait ainsi, il a voulu devenir nourriture. Il est devenu pain en l'Eucharistie. La nourriture eucharistique est le fondement absolu, essentiel des assemblées de la communauté, de l'Église. Elle est la source de son dynamisme et elle est le lien entre ceux qui en sont membres.

C'est ainsi que partout est visible cette relation de paternité et de fraternité entre les hommes. Pourtant, il y a des enfants qui maudissent leur père, il y a des peuples qui maudissent leurs frères, du moins ceux qui se disent leurs frères.

Un grand nombre de ceux qui souffrent constatent que la majeure part des peuples privilégiés aveugles à leur douleur est constituée de ceux qui sont comptabilisés comme chrétiens. Quand nous prions : « Donne-nous aujourd'hui notre pain de chaque jour », prions pour que le Seigneur nous aide à aider nos frères, et pour cela nous donne la volonté de connaître leur souffrance.

Il est une prière que l'on a l'habitude de dire avant que commence le repas familial ou le repas communautaire. C'est le *Benedicite*. En quelques communautés d'Emmaüs, nous le disons d'abord comme tout le monde, et puis nous ajoutons : « Seigneur, bénissez-nous, bénissez la nourriture que nous allons prendre, *aidez-nous à procurer du pain à ceux qui ont faim et à donner faim à ceux qui ont du pain.* »

Qu'ils aient faim ! C'est la plus grande grâce que nous puissions souhaiter, que nous puissions vouloir obtenir du Seigneur pour ceux que nous aimons. Qu'ils aient eu faim jusqu'à aimer partager, quitte à se priver : ce sera le legs, minuscule et immense, qu'ils transmettront mieux par l'exemple de leur vie que par le plus généreux des testaments, une privation vivante, celle qui permettra de faire exister l'immense pitié dont je parlais plus haut.

Un ami musulman me disait un jour : « Si le ramadan nous est imposé par le Prophète, c'est d'abord pour nous obliger à avoir éprouvé en nous-mêmes ce que souffrent ceux de nos frères qui n'ont pas à manger. »

C'est par la volonté de connaître que tout commence.
Tout connaître !
Une nuit où j'étais épuisé, ce cri me vint :

Cités géantes
où règnent les forts
où pleurent les inconnus

cités folles
suréquipées
au cœur de mondes
manquant de tout
terres insensées
qui n'êtes plus des terres

lieux
où l'homme
ne sait plus
ce qu'est
l'homme

qui vous rendra vos étoiles ?
Toutes vos lueurs
ensorcelées les ont tuées.

Sachez parfois tout éteindre
pour que revivent les étoiles.

La nécessaire désillusion

Dans les années qui ont suivi la guerre, grand était le désarroi et les meilleurs désespéraient de l'humanité.

C'est à cette époque que, après avoir relu dans l'Évangile l'épisode de l'apparition du Christ aux disciples d'Emmaüs, j'ai commencé à parler de ce que tout le reste de ma vie je n'ai cessé d'expliquer : ce que j'appelle la « désillusion enthousiaste ».

Nous naissons dans l'illusion. Le tout de la vie, à mesure qu'on avance dans tous les domaines, c'est de sortir de l'illusoire. C'est la sortie de l'illusoire qui rend efficace notre action. Les disciples d'Emmaüs, le dimanche des Rameaux, avaient cru que Jésus allait accepter d'être roi. Et voilà que quatre jours plus tard ils assistaient à l'agonie et à la Passion.

Tout est raté et ils se dispersent, dans la peur d'être reconnus comme associés. « Pourquoi êtes-vous tristes ? » leur demande le voyageur. « Le peuple entier est triste. On avait tellement espéré ! » Le voyageur et les disciples partagent le pain. Et voilà que, l'ayant reconnu, ils sont complètement retournés. Il avait fallu qu'ils passent par la dés-illusion (rejet de l'illusoire) pour que devienne possible l'enthousiasme (en grec : un avec Dieu) et qu'ils n'aient plus peur.

Il arrive souvent qu'à l'adolescence naisse en nous un désarroi si grand qu'on en vient à désespérer. Cela m'est arrivé. C'est alors que François Garbit, mon ami, m'a conduit à cette désillusion enthousiaste qui m'a donné et me donne encore beaucoup de force. Il m'écrivait le 4 avril 1928. J'avais seize ans :

> Si la vie était faite de regrets et de rêves brisés, elle serait odieuse. Mais la vie est elle-même comme un rêve, et (voilà la merveille !) un rêve réalisable. Elle n'a que faire de rêves impossibles. Le domaine du possible est infini. Il suffit à l'âme la plus exigeante. Je te prie, mon vieil Henri, défais-toi de chimères qui te troublent la vue et t'empêchent de voir cette formidable clarté, qui t'empêchent d'entendre cette symphonie magnifique : la Vie ! Elle est plus belle que le bruit de la tempête… elle est plus belle que les pléiades… plus belle que la nuit du désert…

Il y a quelques années, j'ai eu la chance de rencontrer le Dalaï Lama en Dordogne. Souverain en exil, le Dalaï Lama est d'abord un moine bouddhiste. Il s'est assis à côté de moi et, pendant presque toute la durée de l'entretien, il m'a tenu la main. D'entrée de jeu, je lui demandai : « Pour vous, bouddhistes, qu'est-ce que c'est que la prière ? » Ce qu'il a répondu correspond à ce que nous vivons, nous, chrétiens, dans notre foi : « Elle contribue à notre conversion en nous faisant sortir de l'illusoire. »

Lorsque, petit garçon, devant la dépouille de mon grand-père je n'éprouvais aucun sentiment d'anéantissement, sans doute avais-je déjà cette perception inexprimable de l'illusoire de tout ce que nous vivons.

Attention, je ne veux pas dire que notre vie n'a pas d'importance ! Nous la vivons dans le courant de l'Esprit saint. Mais il faut être conscient que ce que nous croyons atteindre n'est que la peau de la pomme de terre tant qu'on ne l'a pas épluchée.

Pourquoi l'ai-je si tôt ressenti ? À y réfléchir, je pense que la prière du soir, en famille, lorsque nous étions tous ensemble dans la grande maison de la rue Sala, n'y est pas étrangère. On était agenouillés, soit dans la chambre de Maman, soit dans la salle à manger. Nos parents nous faisaient alors le plus beau cadeau que puissent faire à leur enfant des parents croyants : le rendre conscient de quelque chose qui le précède. Et lui permettre de voir que les grands, les forts, ceux qui ont toujours raison, sont comme des petits enfants : « Mon Dieu, pardonnez-moi. » Voir sa mère, son père ainsi agenouillés, ça laisse une trace que rien ne peut effacer.

Chez nous, la prière ne durait pas dix minutes. Jamais je ne l'ai ressentie comme ennuyeuse. Au contraire. C'était comme un moment de répit, où l'on sortait de l'illusoire pour se trouver face à face avec soi-même, pauvre type, et face à l'émerveillement de Dieu.

Une autre étape dans la conscience que j'ai pu avoir de la sortie possible de l'illusoire, ça a été le chagrin de mon père – j'en ai déjà parlé – qui découvrait que je n'étais pas bon. C'est comme si, alors que je me trouvais dans une pièce obscure, tout à coup était survenue la tempête qui ouvre les volets et casse les carreaux. Cette tristesse de mon père, ce fut la découverte d'un autre horizon. La découverte, là aussi, d'un autre ordre.

C'est alors que s'est forgée ma prière. Dans la prière, je me débarrasse de l'accessoire. Quand, au temps de la Résistance ou lors des crises graves qui ont secoué Emmaüs, je me retirais à l'écart pour une semaine de jeûne en haute montagne avant de prendre certaines décisions, ce n'était pas pour réfléchir. C'était un temps pour ne plus réfléchir. Une fois tout bien balayé et les carreaux bien nettoyés, ce qu'il y avait à faire devenait évident.

Je dis souvent qu'Emmaüs s'est fait ainsi. Ça n'a jamais été le fruit d'une réflexion, d'un projet. Ça a toujours été ne pas se dérober à une détresse, à un appel lorsqu'on pouvait quelque chose. Cela m'a mis dans cette position pénible, difficile, d'être admiré parce que la gentillesse des gens m'impute la perfection qu'il peut y avoir à partager avec des gens malheureux, quelquefois pas tellement appétissants. Moi qui me connais, avec mes limites, mes défauts, mes péchés, j'ai envie de dire : pas tant, pas tant ! Et en même temps, je sais que si j'ai l'imprudence de le dire, les messieurs-dames vont repartir en disant : et par-dessus le marché, t'as vu, quelle humilité !

Je pourrais dire que, comme tout le monde, le Saint-Esprit me conduit. On est plus ou moins docile. Et moi qui suis plutôt râleur, avec le Saint-Esprit, c'est vrai, je suis docile, enfin, j'essaie de l'être ! Je n'ai pas trop de peine à obéir quand ça ne m'embête pas ! Bernard Kouchner dit que j'ai inventé une stratégie… mais je n'y suis pour rien. Quand, par exemple, j'ai accueilli Georges, le premier compagnon, je n'y avais pas pensé la minute avant. Tout s'est mis en place à partir du réel. La désillusion enthousiaste, c'est ça : sortir des illusions pour devenir capable de voir la réalité ; prendre conscience de tout ce qu'il y a d'horrible dans le monde et dans la vie ; mais découvrir également qu'il est possible en partant de cette expérience, d'engager sa vie pour la justice, pour le respect des droits de l'homme.

Le réel c'était : tu es désespéré à te jeter dans la Seine ; moi, je suis claqué, je ne vais pas pouvoir continuer. Si on est deux, ça change tout. Ce qui s'est passé, j'en ai été, après coup, moi-même sidéré. Rien n'avait été prévu. Il y avait véritablement le metteur en scène qui tirait les fils des bonnes volontés offertes pour nous faire aller dans un chemin. J'aurais pu me dérober, c'est vrai, j'aurais pu dire : « Mon pauvre Georges, va donc à l'Armée du Salut, je ne peux rien faire de mieux. » Ou n'importe quelle autre dérobade. Et ce que je raconte là, chaque responsable d'Emmaüs pourrait le raconter. C'est dans ces moments qu'il faut dire à l'Esprit saint : Allez-y, travaillez fort !

Il n'existe qu'une seule Route,
et elle est déroutante en apparence,
mais elle mène au but, et elle seule est vérité.
Chaque jour et toute l'histoire humaine
font voir cela d'éclatante évidence
pour les regards francs.

Et c'est la Route
de l'Agonie d'Aimer
vers la Résurrection,

Route de la Dés-illusion
qui déchire et dénude, et laisse plus libre
face au Réel Absolu…
pour l'Enthousiasme
du face à face
avec l'Amour Réel Absolu Unique Universel.

Il n'y a pas d'autre Route sûre
que celle de cette contradiction,
de cet affrontement,
qu'il faut consentir,
qu'il faut vouloir,
auquel il faut à tout prix refuser de se dérober.
Seul il est fécond, que cela se voie ou reste inaperçu.

J'ai écrit ce message avant l'anesthésie pour une grave opération à l'hôpital de Genève en 1957… « si je mourais là ».

La blessure de Dieu

Comme tout serait simple si nous acceptions d'être totalement les enfants du Père ! Voici encore quelques lignes écrites par François Garbit :

> Tu le sais, à part un ou deux éclairs, j'ai vécu pendant ces longues années du désert dans la médiocrité d'un païen honnête. Rien d'étonnant s'il a fallu du temps pour m'en remettre. Oh ! Ne vois pas les choses en grand. Il n'y a pas eu de chemin de Damas, il n'y a pas eu de grande joie dans le ciel ni de veau gras. Ça a été beaucoup plus simple. Le père a dit à son fils : « Mon petit, tu es resté bien longtemps absent, mais à cause des prières de ceux qui t'aimaient, on t'a gardé ta place. Reprends-la. » Et sur la pointe des pieds, le fils a repris sa place, regardant autour de lui et cherchant à comprendre.

Les mots de mon ami parlant du fils revenu qui cherche à comprendre me touchent. Il a raison : il nous faut comprendre ce qu'est l'offense. L'offense vient briser l'unité que le pain de la terre et le pain eucharistique ont engendrée. La communion est anéantie. Cette offense monte vers Dieu. Et elle le blesse parce qu'elle blesse nos frères. Parce que nous n'avons pas su être « le petit frère universel », nous avons porté atteinte à l'unité de la famille. Quand le Dalaï Lama dit : « La prière, c'est notre conversion », ça rejoint le commandement de Jésus : « Tu aimeras ton prochain comme toi-même » et la parole du Notre Père : « Pardonne-nous nos offenses comme nous pardonnons à ceux qui nous ont offensés. » Tout le reste s'ensuit : au cœur de ce qu'il y a de vicié, socialement et individuellement, c'est la prière qui peut casser la résistance à pardonner, avec toutes les implications que cela peut avoir. Cette recherche de la conversion se fait par le don de soi. Là encore, dans le dépouillement de la prière, bouddhiste et chrétien se retrouvent.

« Que ton règne vienne », disons-nous dans le Notre Père. Nous avons tous soif d'une société sainte… De tous les systèmes d'organisation de la société des hommes, le moins mauvais est certainement la démocratie, mais c'est encore bien boiteux ! On a envic de quelque chose de mieux et on prie pour qu'il advienne, cet ordre divin, où tout sera dans la lumière de l'Être Amour. Qu'il vienne, j'en suis impatient… Mais je n'oublie pas que nous y serons pour quelque chose : si nous sommes en état de pardonner, alors le Règne commence.

Mais est-il possible de donner en vérité notre pardon à celui qui nous a offensé si en même temps nous ne disons pas, très franchement et sans littérature, comme un frère à son frère, que nous sommes sans doute un peu cause de l'offense qu'il a pu nous faire ? Si tu ne m'as pas assez aimé, n'est-ce pas parce que je n'ai pas été assez aimable ?

Personne ne peut, sans que cela n'aboutisse à l'orgueil, dire qu'il a pardonné s'il n'a pas, dans le même temps, demandé pardon à son frère. Seul Dieu peut pardonner sans avoir à demander pardon. C'est à travers le pardon demandé à nos frères que nous exprimons le pardon que nous demandons au Père.

J'ai toujours eu pitié de ceux qui semblent connaître toutes les satisfactions humaines désirables et souhaitables, de ceux que rien apparemment ne ronge et ne tourmente. Ils vivent sans avoir connu le Père, sans avoir une âme de fils, sans avoir une âme de frère pour leurs frères. Rien ne les réveille.

Prenons garde si nous ne brûlons pas au-dedans de nous-mêmes d'un feu qui nous dévore pour nous faire communier à l'épreuve des autres.

Entendons-nous bien, il ne s'agit pas de chercher la souffrance pour la souffrance, par un masochisme stupide, profanateur de la splendeur de la vie. Il s'agit de l'intelligence saine et équilibrée du sens de la rédemption et du sens de la grâce, de la gracieuseté du don, de la bonté et de l'amitié du Père.

Ce que nous avons tous à demander au Père en le demandant à nos frères, c'est le grand pardon de notre génération, parce que, vivant au cœur des peuples nantis, nous n'avons pas pris garde que tant de femmes et tant d'hommes ont faim pendant que nous avons plus qu'il ne nous en faut et alors que nous disposons de la science qui permet aux sols ingrats d'être nourriciers.

Nous n'avons pas pris garde que nul mérite ne nous revient d'être ainsi dans la prospérité. Nous n'avons pas pris garde que c'est par un don gratuit de l'Éternel que nous sommes comme des aînés privilégiés et nous oublions ce que nous devons à nos frères. Il nous faut entrer dans le grand pardon de l'univers prospère à l'égard de l'univers affamé, sinon la malédiction est sur nous. « Il n'y a qu'un mal désespérant, c'est de douter du pardon » : c'est la première phrase de mon « vrai » testament, dont j'ai confié le texte à quelques intimes.

Pour mériter notre place au banquet, soyons capables de ne pas garder pour nous seuls toute la jouissance des biens de l'univers. J'ai, pour ma part, la chance d'avoir eu, à Assise, cette intuition que l'Adoration était la plus totale communion universelle et, en même temps, source d'action. Ce n'est pas pour agir que je vais prier, et ce n'est pas pour que ma prière soit authentique que j'ai été poussé à agir. On me dit homme de compassion. Je le suis sans doute, un peu… Trop peu de compassion et sûrement trop peu aussi de colère d'amour.

J'ai été frappé par le passage de l'Évangile qui raconte comment Jésus chasse les marchands du Temple : « Se faisant un fouet de cordes, il les chassa tous, et les brebis et les bœufs. » Les coups qu'il donne, ce n'est pas symbolique ! Il est en colère… « Il répandit la monnaie des changeurs et renversa leurs tables. Et aux vendeurs de colombes – les colombes, c'étaient les offrandes des gens qui n'avaient que deux sous – il dit : Enlevez cela d'ici. » Le ton a changé. La colère l'a quitté. Demeure la compassion.

La compassion, c'est un fardeau effrayant. À partir du moment où elle est, on ne peut plus arrêter, il n'y a pas de limite. Souvent, c'est une compassion de nature très générale, mais par moments, c'est la compassion brutale quand je vois des hommes devenir fous, quand je vois des familles privées de toit. Alors, parce que je suis bâti comme ça, toujours sans calculer, je suis poussé à agir. Pas parce que je suis un homme d'action, mais sûrement parce que je suis un homme de passion. L'est-on jamais suffisamment ?

Pour moi, accueillir des mères qui pleuraient, violer les règlements pour bâtir des maisons, travailler avec les chiffonniers, c'est absolument du même ordre que célébrer la messe, communier et dire le chapelet.

L'Adoration, cependant, est d'un autre ordre.

J'ai eu la chance, je l'ai dit, de rencontrer le père Zundel. Avec lui, davantage qu'avec dom Helder, davantage qu'avec de Lubac, le silence occupait les moments où l'on avait décidé d'être ensemble. Quelques mots venaient à ses lèvres, qui conduisaient vers la prière comme l'on reçoit la rosée, non pas la pluie mais une ondée sans violence, bienfaisante, et qui cependant pénètre… *Rorate* : « laissez venir votre rosée ». J'aime beaucoup cette prière, je crois assez peu connue, et j'ai demandé qu'on la chante lors de mes funérailles.

Ce que les mots du père Zundel exprimaient, c'était notre rien devant le tout du Seigneur. Ils venaient dans un ordre qu'aucune construction n'avait défini, sans raisonnement. L'ordre de la prière qui est abandon de soi au mystère de Dieu.

Adoration

Je suis là, dans ma chambre, ou dans la chapelle, dans un lieu obscur autant qu'il est possible.

Il y a d'abord un tumulte. Tout ce qui bout en moi – les malheurs des hommes ou des instants de bonheur, les tâches à accomplir et le brouhaha du monde. Quand on commence à se recueillir, avec plus ou moins de logique, on pense à tout cela. On est encore dans le domaine du rationnel.

Puis arrive un moment où la prière, sans s'en désolidariser, s'en débarrasse et se trouve libérée du tumulte. Et, progressivement, viennent des mots, ceux des habitudes, ceux des prières de l'enfance, ceux qu'on disait autrefois dans la prière pour les malades… Ce sont en quelque sorte des formules dont je conserve un souvenir de consolation ou de réconfort dans ce que furent des moments de détresse. Je dis des Je vous salue Marie, mais je ne pense pas à ce que je dis. Je me rabats, en quelque sorte, sur le rabachage.

Puis, si j'en ai le temps et si la grâce m'en est donnée – parce que c'est un don de Dieu –, vient une troisième phase… Le tumulte petit à petit s'apaise, il se tait. Il n'y a plus de mots, ou c'est comme s'il n'y avait plus de mots, même si on continue à les dire, comme les moines orthodoxes répètent pendant quatre-vingts ans : « Aie pitié de moi, Seigneur », sur un coin de rocher. Ça devient à proprement parler l'Adoration, autant que notre pesanteur humaine est capable d'y arriver.

L'Adoration, quand « ça marche », c'est comme si on était déjà hors du temps et de l'espace. C'est comme ces instants où le nuage se déchire et que soudain s'illumine ce qui n'était qu'obscurité. À Esteville, chaque soir, à cinq heures et demie, si nul visiteur, parfois important, ne m'en empêche, je descends pour la demi-heure d'Adoration. Ça se passe dans la petite chapelle. Les soirs d'été, quand le soleil est encore haut, on ferme les rideaux, et je me retrouve dans l'atmosphère du couvent où j'ai appris à prier. Je m'y retrouve dans une sorte de jubilation, alors que j'ai tant souffert pendant ces années de scolasticat et de noviciat où je ne pouvais rien faire de ce qui me passionnait. Nous n'avions que les textes du bréviaire, en lente psalmodie, pendant les sept heures et demie réparties en cinq rencontres, passées au chœur. Avec trois quarts d'heure d'oraison le soir, et une heure au milieu de la nuit.

Il m'est arrivé alors d'éprouver le sentiment de gâcher ma jeunesse, d'être vidé, déchiré, de perdre mon temps. En fait, c'est grâce à ces années que je suis devenu capable de prier, c'est là que s'est construit en moi l'instinct de la prière. J'ai compris, à la longue, qu'on n'était pas là pour soi, pas là pour faire carrière. On joue son jeu, mais on a mis ses atouts de l'autre côté. C'est au couvent que moi l'impatient, le violent, j'ai acquis un peu l'esprit de la patience. Dans cette prière et dans cette patience, quelque chose s'est gravé en moi, très profond. Qui m'a permis plus tard de répéter aux chiffonniers accablés de malheurs et de souffrances avec qui je vivais : « Mon vieux, tu le sais bien, ce n'est pas en tirant sur l'herbe qu'on fait pousser plus vite le blé. Il y faut la pluie, il y faut le soleil et le froid. Il y faut la neige et la chaleur. Il y faut le temps. Alors fais confiance au bon Dieu et à nous, unis à toi ! »

La vraie patience, cependant, n'éteint pas, brûlante en soi, la colère de l'amour.

En même temps qu'il crie à sa mère en train de lui faire subir quelque soin douloureux : « Maman, tu ne m'aimes plus ! », l'enfant se jette dans ses bras. Parce qu'il n'a qu'elle.

Il y a des moments où l'on a envie de dire des sottises au bon Dieu… Mais dans l'Adoration, je suis dans l'éblouissement de ce que je sais de Dieu tel qu'il nous est révélé par l'Évangile. L'Adoration de l'Éternel qui est Amour.

Dieu, je n'ai que lui.

L'Infini est Amour. Cette notion de l'Infini me saoule un peu. Oserai-je dire que je m'y sens à l'aise ?

C'est là l'empreinte du couvent. Les moines y font l'offrande de leur vie. En eux se déclenche au réveil ce mouvement qui, sans heurt, renouvelle l'offrande. Ce mouvement restera ininterrompu, quoi que l'on ait à faire – prendre le train, parler, travailler, etc. –, la prière ne cesse pas. Tout acte sera offert.

Une telle offrande n'est nullement mutilante. Car il s'agit d'amour. Et la définition de l'amour, surtout dans sa forme la plus absolue, à l'égard de Dieu, c'est « être plus, hors de soi ».

Avec la révélation que j'en ai, la faible notion que j'en ai, comment pourrais-je imaginer mettre cet amour en moi ? Le récipient est bien trop petit ! Il ne peut y avoir rencontre de Dieu que par la sortie de soi. L'homme et la femme qui s'aiment le savent : leur amour n'est pas en eux. Il est hors d'eux. L'amour nous fait sortir de nous-même. On voit bien comment, chez les mystiques, cette sortie de soi conduit à une dépersonnalisation, qui est en fait une surpersonnalisation.

Il n'est pas imaginable que la rencontre de l'Infini se fasse dans ma maison. Il faut d'abord en passer par un dépouillement. La rencontre ne peut avoir lieu que dans *sa* maison. Alors, elle sera épanouissante. Éblouissante. L'amour fait extase. Au sens étymologique : action d'être hors de soi. L'amour te met dehors, mais pour être plus.

Dans l'Adoration, à la recherche de cet amour, on se tient – comme dans l'image de la barque à laquelle je reviens toujours – la voile tendue. La voile tendue, c'est l'appel au vent. Qu'on ne s'y trompe pas : il n'y a rien de passif dans cette disposition. D'ailleurs, une fois unis le vent et la voile, reste à apprendre à se servir du gouvernail. C'est souvent difficile, parfois pénible de vivre dans cet appel, cette supplication.

« Je cherche mon bien-aimé », gémit l'amoureuse du poème de saint Jean de la Croix. Elle traîne, elle roule à travers la ville en interpellant tout le monde, jusqu'à ce que, enfin, elle le trouve. Dépouillé, tout nu, l'adorant s'expose sans être sûr. Ce n'est pas parce qu'on est docteur en théologie que la prière peut avoir plus d'assurance. Personne ne sait comment cet état d'offrande peut faire que se trouve appelé tel ou tel. On n'est jamais sûr qu'il y aura quelqu'un « de l'autre côté », et qui prêtera attention au petit homme éperdu. C'est la part d'épreuve : que votre volonté soit faite. Voilà une parole d'une imprudence folle ! Car sa volonté, c'est : soyez parfaits comme votre Père est parfait... Tonnez-moi dessus, donnez-moi la lèpre, faites qu'on m'écrase dans la rue, j'accepte ! Là encore, rien de passif, puisque le chrétien est animé par la volonté « que son nom soit sanctifié, que son règne vienne ». Dans la prière, nous sommes là, offerts. Comme peuvent l'être des panneaux solaires à la lumière. Par eux, apparemment inactifs, la lumière devient énergie... à condition que les panneaux soient propres ! Dans la prière, nous sommes des coopérateurs qui ont compris que la tâche de Dieu et les tâches de l'homme se distinguent et s'unissent.

Ayant à faire, l'homme doit accepter de recevoir. Si je suis encombré de tout un tas de trucs qui ne sont pas de l'ordre de la volonté de Dieu, si c'est plein de bêtises : rigolade ou désespoir, dissipation ou diversion, la prière n'est pas recevable.

Par sa nature même, la prière d'Adoration est éprouvante. Il y a lumière et il y a ténèbres.

Le cierge est tout splendeur
et offrande en sa blancheur

Ce n'est pas assez pourtant
pour qu'il réchauffe, illumine et enchante

Il faut encore qu'il soit
et d'abord,
offrande de cette fibre secrète, intime,
qu'il porte mystérieusement au-dedans de soi

et qui,
sombre en sa consomption,

tourmentée,
baignée des larmes illuminées de la cire fluide
doit se tordre en la flamme
et,
sans que nul ne sache comment,
sans que nul même n'y songe,
s'évanouir
dans l'air devenu feu.

Écrit à Chicago, en 1955,
un soir de beaucoup de larmes.

Ténèbres

J'avais vingt ans. Et pendant sept années, j'ai été privé de la splendeur des soirs et des nuits d'été. On tirait les lourds rideaux du couvent pour l'oraison du soir. Nous étions alors dans l'obscurité totale. On ne pouvait même pas lire. Il y avait la lampe du Saint-Sacrement, un point, c'est tout. C'est alors que s'est inscrite en moi cette blessure qui jamais ne devait guérir. C'est difficile d'en parler ; c'est quelque chose qui fait tellement partie de ce que l'on est ou de ce que l'on devient que ça peut ressembler à une joie. Dorénavant je serai sans repos, jusqu'au moment de mourir. Alors se cicatrisera la blessure. Irrémédiablement m'était ainsi donné l'instinct de la prière. Étais-je à l'époque conscient du fantastique et lourd travail en train de s'accomplir, dans le silence et la prosternation ? Je ne crois pas.

C'est venu plus tard, au cours de toutes les années d'action, d'agitation, de tourment qu'il m'a été donné de vivre. Quand c'était trop dur, je tenais bon parce que je pensais : un jour, il me sera possible de retourner au désert.

J'ai eu la chance de vivre au Sahara pendant trois mois, puis de passer une semaine à l'Assekrem[1], il n'y a pas si longtemps. Mais il m'a fallu attendre cinquante ans pour que le désir du retour au désert du monastère se réalise.

C'est à Saint-Wandrille que la grâce me fut donnée de revivre l'oraison telle que je l'avais connue au couvent capucin. Ce ne fut pas, bien sûr, pendant le temps des offices chantés, mais dans la crypte, très belle et très simple, où je pouvais passer de longs moments, seul, dans l'obscurité.

Dans cette obscurité, dans cette solitude, on peut se tenir présent, la voile tendue. Il y a des jours où souffle le vent, des jours où rien ne vient. Il y a des moments où c'est facile, on est comme porté. Et d'autres, où le vent est à rebours. Dans toute vie spirituelle, il y a des nuits. Il y a, entre obscurité et éblouissements, des moments que l'on ressent comme un vide.

C'est dans de tels moments qu'il faut croire au soleil à venir. Pour que ne gagne pas le découragement, il faut persévérer dans le renouvellement de l'offrande.

Quand la rencontre se produit, c'est… indicible.

C'est le mystère de la chambre des époux.

Il y a deux présences. La communication de l'homme à Dieu et de Dieu à l'homme revêt les formes les plus variées. J'ai dit comment, à Assise, j'avais perçu que l'Adoration est à la fois communion universelle et source d'action. Cette évidence m'était offerte par la personne de saint François d'Assise – la communication avec Dieu à travers un saint.

En même temps, il y avait une communication de moi vers Dieu qui d'ailleurs ne pouvait pas provenir de

1. Ermitage de Charles de Foucauld près de Tamanrasset.

moi, elle ne pouvait être que grâce à Dieu. C'est un don. Il faut que déjà Dieu se soit fait trouver pour que l'échange existe. Sur quoi portera cet échange ? Cela variera avec toutes les heures du jour et de la vie. Les chemins vers Dieu sont multiples, innombrables, comme le sont les manières d'être homme.

La rencontre d'Assise n'a pas ajouté de caractères particuliers à ma prière : je découvrais, ce que j'attendais sans le savoir. Dans l'Adoration, la personne ne disparaît pas. La vie du priant n'est pas perdue à chanter avec les petits oiseaux : elle peut, comme celle de saint François ou du père de Foucauld, remuer profondément la vie des hommes, non seulement de son temps, mais pendant des siècles. Si l'on veut ramener la prière à du connu – bénéfice, efficacité, beauté, bonheur –, on n'arrive à rien. Nous ne pouvons pas savoir ce que sont les actes de la vie éternelle. Nous avons, certes, une expérience de la beauté, mais comment concevoir que la vie éternelle est jubilation active et renouvelée sans fin devant la splendeur, la bonté, l'intensité et la perfection de l'Amour ? Dans l'Adoration, sans qu'il y ait de cheminement logique, on aboutit à un état où il n'y a plus place pour le raisonnement. Il n'y a que deux êtres qui s'aiment. C'est un fait, c'est comme ça… Mon Dieu, je vous adore, pour tout ce que le mystère tristement nommé Trinité me révèle d'infinie perfection en vous… et de joie possible en moi. Je vous adore, Créateur incompréhensible. Je porte la réalité des horreurs rendues possibles par la liberté que vous avez voulue pour l'homme, et en même temps je vois la perfection de votre amour. Je n'ai pas de réponse. Tunnel. J'éprouve en moi la certitude non pas que vous aimez, mais que vous ÊTES AMOUR. Objet essentiel de la foi, mais objet obscur. « Je Suis », avez-vous dit à Moïse. Moins il y a de mots, plus violente est la réalité de l'Être. C'est une expérience vécue par un jeune homme découvrant un horizon qui ne s'était jusqu'alors jamais ouvert à lui. Je n'y suis pour rien.

Expérience indicible, indicible contagion.

On m'a dit récemment : ce que vous décrivez, c'est une expérience d'initiation… Dans un sens, tout ce que nous vivons est initiation, car tout nous fait devenir, avec ce qu'il y a en nous de bon et de tordu… L'initiation, c'est trouver ce qui manque. C'est le commencement. C'est le creux qui découvre qu'il n'est pas fait pour rester vide, qu'il y a une finalité à cette fringale : Mon Dieu, vous me faites exister creusé. De cela je vous dois amour, parce que c'est en proportion de ce qui a été creusé que je serai rempli.

À l'Ascension, le Seigneur a dit : « Je suis avec vous jusqu'à la fin des siècles »… Il y a des moments où l'on ressent que Dieu est avec nous. Ce sont des moments de jubilation. Alors seulement on éprouve le sentiment de non-solitude. Alors seulement on accepte la halte, on connaît le repos. Je suis, depuis le couvent capucin, dans le non-repos. Pour être honnête, ce n'est pas le couvent qui m'y a mis… je crois bien que dans le sein de ma mère déjà je devais m'agiter !

Les actions que nous accomplissons, le travail dans lequel nous nous perdons parfois, je pense que toute notre activité est en fait une galopade, une course haletante à la recherche de ce qui, enfin, va emplir ce creux, signe de ma destinée d'homme. « Tu nous as faits POUR toi, Seigneur, et notre cœur est SANS REPOS jusqu'à ce qu'il repose en toi. » J'aime beaucoup cet aveu de saint Augustin. En même temps qu'il décrit notre misère, il affirme notre confiance : lorsque nous serons près de Dieu, viendra le temps du bonheur de ce qui est plein. Chacun, comme dit saint Thomas, sera comblé de béatitude. Ni uniforme, ni monotone, elle correspondra à ce qui a été le plus pressenti de Dieu dans la vie de chacun.

Au-delà de la nuit…

Toi l'Éternel
qui es Amour
prends nos vies
et qu'elles flambent

soudain illuminant le noir
faisant ruisseler la lumière
consumant le mal
brûlant l'orgueil
des sans-pitié
et l'avarice

séchant les larmes
mais d'abord
les transperçant
les bouleversant
des mille couleurs
de l'arc-en-ciel.

Seigneur
prends nos vies
et qu'enfin accordées
elles chantent
à l'infini
sous la Joie
frémissant
de Ta Vie.

Désert

Il arrive que l'on soit comme un voyageur qui marche sur un sol aride. J'ai vécu cela au Sahara.

On était en pleine guerre d'Algérie. Nous allions porter du lait en poudre et de la farine aux anciens chefs de tribu, ruinés parce que la guerre avait contraint à dynamiter les puits. Les plus riches d'entre eux, propriétaires de centaines de chameaux, avaient vu mourir toutes leurs bêtes. Et ces hommes qui avaient été des rois étaient devenus des mendiants, vivant auprès des oasis sous des tentes déchirées.

Nous marchions depuis deux jours. Lorsque le deuxième soir est arrivé, j'ai vu que les bidons d'eau que nous avions emportés étaient presque vides et je me suis demandé : est-ce que notre guide ne nous a pas égarés pour, maintenant, nous abandonner en plein désert ?

Et tout à coup, on voit un jonc, deux, dix, vingt… il y en a sur trois hectares : ce qu'ils appellent une prairie !

Voyageurs sur une terre aride, nous avons besoin de rafraîchissements, de la certitude aussi d'être sur la bonne route. Aucun panneau, aucune fontaine ne nous apparaît qui nous rassureraient. Et voilà, alors que tout semble perdu, que la source est là. Tout à côté. Et l'on pense : d'où vient cette eau ? On a beau savoir qu'elle suit, depuis la montagne, des chemins souterrains, on en vient à douter de sa présence. Notre guide, lui, savait qu'elle était là. Ainsi en est-il de la prière : il y a des moments où ça jaillit, comme de la fontaine que l'on trouve au détour du chemin sans l'avoir prévu.

Lorsque le croyant dit : « Notre Père », lorsqu'il dit : « J'ai soif », cela inclut la confiance. Cette confiance, je ne l'ai pas toujours eue en moi. François Garbit le savait bien, lui qui avait été le confident des tourments et des doutes de mon adolescence :

> Autrefois, t'en souviens-tu, tu souffrais ainsi. […] Ce tumulte et cette absence de paix s'aggravaient d'une absence d'espérance. Car il est des âmes qui vivent dans le trouble le plus grand, mais qui croient au calme et espèrent le trouver. Toi, tu n'espérais pas. Tu n'avais pas confiance. […]
>
> Et puis le cloître t'a donné, sinon la paix, du moins l'assurance de l'obtenir un jour. Et s'il n'a pas apaisé ta soif (elle ne peut l'être ici-bas), il t'a fait entrevoir la source… Il t'a rendu l'espérance, cette « petite espérance, qui mène ses deux grandes sœurs, foi et charité, par la main »… comme dit Péguy. (Oumianga, 8 avril 1937.)

François avait compris, peut-être avant moi, cet obscur dessein de Dieu à l'œuvre pendant les années du couvent.

Maintenant, lorsqu'il m'arrive d'être dans l'incapacité de prier, je ne désespère plus. Je suis assuré de la Présence, même si elle ne se montre pas. Je n'abandonne pas. J'ai envie d'écrire : on est là, à la maison, et on n'a pas envie de s'en aller, même si on n'a pas de conversation.

J'ai eu la chance de survoler le désert, celui-là même où j'avais eu le sentiment d'avoir été perdu. Beauté unique de l'immense étendue, ici de roche et là de sable. Émotion inouïe de voir, au cœur de cette aridité, un homme pêcher à la ligne. Là où un fleuve existe parfois, et parfois est avalé, un petit lac était resté, souvenir de crues anciennes. Et les poissons que la terrible sécheresse de trois années allait anéantir avaient déposé leurs œufs fécondés dans le sable… pour le moment où l'eau reviendrait. La source est intarissable. La réserve existe, sans fin.

Depuis que j'ai rencontré le « Je Suis » du Buisson ardent, la confiance m'habite. Cela a été en moi un tel bouleversement que l'adoration du « Toi qui es, sois » a rempli pendant toute une année ma vie spirituelle. Ensuite est venue, progressivement, l'intelligence du « Toi qui es Amour, sois ». Aujourd'hui, je suis heureux, depuis que l'on m'a parlé de l'usage que Mgr Decourtray en faisait, d'utiliser le mot *agapè* : les agapes, la Cène. Le mot est devenu, entre chrétiens, plus que la Cène, il est devenu Amour infini en même temps qu'amour partagé. « L'Agapè est une sorte de flot d'eau vive qui descend en cascade depuis l'origine, la source des sources, qui est le Père, dans l'Envoyé sorti de lui, et de l'un et l'autre, en nous, dans la communion de l'Esprit[1]. »

---

1. Cardinal Decourtray, *22 entretiens avec André Sève*, Centurion, 1986.

C'est sur ce roc que depuis plus de soixante ans j'ai pris appui. C'est à partir de ce roc que je vis dans la prière, dans l'élan vers la rencontre.

Il me suffit d'être là, même quand la Présence est imperceptible. Je reste. C'est tellement bon.

Sagesse

La découverte de ce qu'est la sagesse anime l'Adoration et la prière. La sagesse, ce n'est pas « être sage ». Cela, ce sera le fruit de la sagesse. Sagesse, ça vient du mot latin *sapere* : savourer, déguster.

Je l'expliquais autrefois à l'un ou l'autre des compagnons. Tu me demandes : Dieu, qu'est-ce que ça veut dire ? Rappelle-toi, il y a un mois, tous les deux, on s'est crevés pendant toute une journée pour arranger un local où allait être logé un vieux couple ; quand tout a été fini, on a mis des fleurs, on a accroché des rideaux, on a fait la soupe, et puis on a été les chercher. Tu te souviens de leur joie !

On est rentrés, on avait froid, on avait faim, on ne rapportait rien à la communauté et tu m'as dit : Père comme je suis heureux de ma journée ! Cette sorte de bonheur qui chantait alors au-dedans de toi, cette joie-là qui ne ressemble à aucune autre, on ne peut pas la dire avec des mots, mais on peut la communiquer en se regardant, en se tenant la main : on est heureux d'avoir fait ça ensemble.

N'oublie jamais cette joie, car tu viens de recevoir le don le plus parfait qui puisse exister, tu viens de recevoir le don de *sagesse* – le don de savourer, de *goûter* comme c'est bon de s'être donné du mal pour que d'autres aient moins de mal, comme c'est bon d'avoir aimé. À ce moment-là, tu as rencontré Dieu.

Tu pourrais avoir lu tous les livres de toutes les bibliothèques de théologie du monde, tu aurais des idées de Dieu, mais tu n'aurais pas pour autant rencontré Dieu. Le professeur de théologie le plus savant du monde qui n'aurait jamais eu l'occasion de risquer d'aller aimer en partageant la souffrance d'un autre pour que celui-ci souffre moins ne connaît pas Dieu.

Si tu n'as pas eu cette chiquenaude, cette étincelle qui, un moment, a mis le feu dans ton cœur, tout ce que tu étudierais dans les catéchismes et dans les manuels de théologie, ce serait du vent ! Quand elle arrive, cette chiquenaude, il faut y être attentif. Il faut ne pas l'oublier. Il faut se ressouvenir de ce moment indicible. Évidemment, quand on a goûté des bonnes choses, après on n'a plus envie de manger n'importe quoi… Si tu as, un jour, aimé ce goût d'aimer, tu voudras y goûter encore et, petit à petit, tu seras protégé du mal, des bêtises.

L'un de mes neveux, qui m'écoutait parler ainsi, s'est écrié : « Alors, il faut être gourmand !

– Oui, Raphaël, tu as raison. Écoute cette histoire de Vinoba, le disciple de Gandhi. Il avait quitté son ashram et allait de village en village dire aux paysans : "Dieu a fait la terre pour que tous les hommes mangent. Nous avons de la terre, et des hommes n'ont pas à manger. Vous le savez, la famille indienne idéale, c'est papa, maman et trois enfants. Ça fait cinq. Moi, je suis le petit sixième, celui qui vient en plus. Alors, je viens vous demander ma part : donnez-moi, pour tous les petits 'en trop', un sixième de ce que vous possédez." Et Vinoba, accompagné d'un notaire, recueillait les donations de terres qui allaient permettre de faire des coopératives pour les pauvres.

Un jour, ayant remarqué que celui qu'on lui avait désigné comme étant le plus riche du village n'avait rien donné, il s'adresse à lui : "Cette place du village où nous sommes vous appartient, n'est-ce pas ? Alors, donnez-moi un caillou." Le type se moque, prend un caillou et le lui donne. Et Vinoba, s'adressant à la foule : "Mes amis, vous savez que lorsque l'on a donné quelque chose, c'est comme un bonbon qui fond dans la bouche, on trouve que c'est bon. Et comme lui, il m'a donné un bonbon très petit, ce bon goût dans la bouche sera vite disparu. Vous verrez que d'ici peu, avant que je n'aie atteint le prochain village, il me courra après et me dira : C'était si bon… Je t'en prie, accepte davantage." »

Cette saveur-là, on sait bien, quand on la goûte, qu'il ne s'agit pas d'une illusion.

La voile tendue

Dans le vacarme des voitures ou sous le bruit du canon qui gronde, la prière est toujours possible. Les lettres de Teilhard de Chardin écrites pendant la guerre de 1914 en témoignent. Mais il faut avoir su, au moins une fois dans sa vie, se mettre à l'écart du tumulte et de la galopade pour entrer dans le seul mouvement de l'âme tendue vers Dieu. Oui, il aura fallu se trouver dans le silence ; il aura fallu éprouver durement, crûment, le creux en soi. Ce n'est qu'une fois atteinte la plus profonde des solitudes que naît, éperdue, la vraie soif d'Absolu.

Dans le collège chrétien où je faisais mes études, est arrivé un jour un garçon de quatorze ans venant d'une famille parfaitement indifférente à la religion. Nous sommes devenus amis et il me questionnait beaucoup sur ce qu'était Dieu pour nous, sur ce que nous allions faire à la chapelle… Je lui répondais comme je le pouvais, en enfant. Et finalement il me dit son secret : « Depuis plusieurs années quelque chose me tourmentait au plus profond de moi… Et puis j'ai eu à faire une version latine, un texte de Cicéron, prière à quelque divinité. Et j'ai trouvé que c'était si beau, cette pensée de l'Infini, que, dans le désir d'offrir quelque chose à une présence que je sentais bien plus grande que moi et que je devinais immense, tous les soirs, avant de m'endormir, je récite ces mots si beaux, comme une offrande ou une invocation. »

L'âme de mon ami était prête à l'Adoration.

« Toi et nous tous à toi » : c'est parce que ce cri est venu un jour au bord de nos lèvres, irrépressible, nous étonnant nous-même, qu'une vie de prière sera possible.

L'éblouissement supportable dont j'ai parlé a ses ténèbres, comme il y a, j'imagine, des moments difficiles, même dans une famille où l'on s'aime. Le panneau solaire est là, offert… et rien.

Rien. *Nada. Nada…* répétait saint Jean de la Croix qui savait que dans ce vide, ça peut venir : pour pouvoir atteindre le Tout de Dieu, il avait besoin de se placer dans le rien.

Pour entrer dans la prière, il faut en avoir la volonté. Cette volonté parfois sera portée par le corps.

Certains de mes frères capucins priaient assis, d'autres à genoux, et, à de rares moments, prostrés. J'avais, pour ma part, pris l'habitude d'être à genoux, assis sur les talons. Le priant sait qu'il est conduit à des postures qui correspondent au mouvement de la prière. Il est attiré à être debout, à genoux, prosterné ou, au contraire, s'il est seul, les bras ouverts, allongé de tout son long sur le sol : c'est vraiment l'âme qui commande.

La volonté peut être portée par le désir, mais ce désir aura besoin d'être porté par la volonté : un lieu retiré, une confidence entendue, une ambiance comme celle du monastère peuvent suffire à goûter, à savourer ce qui va conduire à la prière.

Et puis il y a des méthodes pour prier : chez les jésuites, les exercices spirituels ; chez les bénédictins, le chant qui m'a tellement dérouté lorsque je suis arrivé à Saint-Wandrille… Je me disais : mais quand est-ce qu'ils prient ? Chez les capucins, il n'y avait jamais de musique, ce qui me mettait à l'aise, car je chante faux. Le bréviaire était simplement psalmodié *recto tono*, mais comme je l'ai entendu soupiré un jour : « Vite que j'aie fini le bréviaire pour pouvoir prier ! » Car, bien entendu, cette prière automatique n'est qu'un support qui porte la prière intime.

Dire le chapelet, répéter *Je vous salue, Marie, Je vous salue, Marie*, chanter toute sa vie les mêmes textes… ça paraît absurde, mais ce sont les supports charnels de l'Adoration.

Un jour où j'étais épuisé, j'en parlai avec Mgr Roncalli, le futur Jean XXIII, alors nonce à Paris. Il me dit : « Ne vous obligez pas à dire le bréviaire, dites le chapelet », renouvelant pour ainsi dire la « recette » que m'avait donnée le père Michel, modeste jésuite lyonnais lorsque j'avais neuf ans.

Des recettes, pourquoi pas ?

Le bréviaire, les psaumes… Il y en a d'épouvantables, et pour moi d'insupportables :

> Ils sont dévoyés dès le sein, les impies […]
> Ô Dieu, brise en leur bouche leurs dents,
> arrache les crocs des lionceaux, Yahvé.
> Qu'ils s'écroulent […] comme la limace s'en va fondant
> ou l'avorton de la femme qui ne voit pas le soleil !

Jésus a prié sur de telles paroles !

Mais aussi, c'est vrai, sur les plus merveilleux cris d'amour que sont beaucoup de psaumes.

Le chapelet… Il n'est pas rare qu'ayant commencé le chapelet, je ne le finisse pas, parce qu'à partir d'un moment on n'en a plus besoin. Il y a des moments où je suis à sec… Je laisse revenir les souvenirs.

Pendant soixante ans, j'avais totalement oublié l'ange gardien, et voilà qu'il était là, dans ma mémoire. Aujourd'hui, il m'arrive de dialoguer avec lui. Ainsi l'autre jour, je cherchais depuis des heures un document et j'ai fini par dire à l'ange : « Secouez-vous un peu ! »

Me sont aussi récemment revenues deux prières du temps où j'étais au collège membre de la congrégation de la Sainte-Vierge :

> Ô, bon et très doux Jésus,
> ils ont percé mes pieds et mes mains
> ils ont compté tous mes os, etc.

et le *Salve Regina*.

Dans toutes les religions, il y a des formules, des mots sacrés porteurs d'adoration, parfois des monosyllabes… N'est-ce pas « ram ram ram… » que Gandhi a prononcé, après avoir été blessé, jusqu'à son dernier soupir ? Les bouddhistes ont ainsi, je crois, des syllabes auxquelles ils recourent, précisément parce qu'elles ne veulent rien dire, et qui aident à persévérer dans l'adoration, qui ne parlent pas, mais qui permettent au souffle de subsister.

Le cri

Jésus, qui a tout partagé de la souffrance des hommes, leur permet, avec les dernières phrases de sa prière, de libérer leur angoisse et de lancer au Père, au-delà de leurs aspirations vitales – « Donne-nous aujourd'hui notre pain de chaque jour » – cet appel pathétique : « Ne nous soumets pas à la tentation, mais délivre-nous du mal. »

Depuis ce qui nous est dit du meurtre d'Abel, a-t-il existé une seule journée sur la terre où aucun homme n'ait assassiné un homme ? Aujourd'hui, nous voyons les peuples, de plus en plus armés, grisés par la prétendue légitimité des motifs d'agression invoqués par leurs chefs – politiques, militaires et parfois religieux – accomplir le meurtre de populations entières. Des citoyens deviennent des tueurs, piégés par le devoir d'obéissance, et la promesse de récompense ; et bientôt – si vite ! – par l'ivresse du sang.

Une fois leur faim apaisée, les bêtes cessent de tuer… Quelle folie, jamais guérie, pousse les hommes à tant de cruauté ? Tantôt l'ambition de prendre possession des biens du monde, tantôt la soif d'une domination de plus en plus étendue, tantôt – et là est atteint le pire – la prétention à quelque supériorité ethnique ou spirituelle qui donnerait droit, et ferait devoir, de massacrer pour empêcher tout métissage.

Le mal est au creux de l'humanité. Terrible énigme.

D'où vient-il, ce mal ?

Après les versets qui exaltent la création, « Dieu vit que cela était bon… Dieu vit que ce qu'il avait fait, voilà, c'était très bon », il est dit dans la Genèse : « Le serpent était la plus astucieuse de toutes les bêtes des champs que le Seigneur avait faites. » D'où sort cette bête, d'où tient-elle cette astuce ? Que reste-t-il du « bon », du « très bon » ?

Et ces démons – une multitude – dont la Bible nous parle aussi ? Cette armée de Satan disposant ses pièges et répandant le mal était-elle contenue, sans que rien ne nous en soit dit, dans la création ?

On nous dit que des anges, créés indépendamment de nous, apprenant le dessein de l'Incarnation et l'obligation – pour eux humiliante – dans laquelle ils seraient alors d'adorer la Personne d'un homme – Jésus, le Verbe incarné –, se sont révoltés et ont vociféré *« Non serviam »* : « Je ne servirai pas (Dieu fait homme). »

Qu'est-ce que le mal ?

J'ai appris au catéchisme l'expression « péché originel ». Je ne savais pas alors qu'elle n'était entrée en théologie que bien tardivement, avec le grand saint Augustin, dans l'effort de relier raison, foi et langage. Des « coupables » étaient désignés : le serpent tentateur et Ève « succombant à la tentation »…

Et depuis, le débat se poursuit. Pour les uns, le mal, c'est le non-être (dont parle Teilhard de Chardin), qui s'oppose à l'être dans son aptitude à aimer, c'est le néant sur quoi viendrait se briser la liberté humaine. Pour les autres, le mal est une force, une aspiration irrésistible de l'être qui, se voulant « suffisant », se croit libre de toute règle et refuse sa vocation à l'amour.

Mais, ne nous leurrons pas, ce souci de prendre en compte le mal ne nous occupe guère, et le plus souvent nous préférons n'en rien voir, n'en rien entendre.

Ne dit-on pas que la ruse la plus méchante du « malin » est de réussir à agir sans que l'on s'aperçoive que mal, maux et péchés lui sont dus ? Oui, là est son astuce : se faire oublier. Et c'est vrai que, peut-être par peur de ce qui pourrait devenir folie, sans doute par lâcheté, nous sommes complices de cet oubli. Comment l'oubli du mal serait-il remède et protection contre sa menace ? L'homme qui ne se soumet pas au mal le reconnaît, le nomme, le combat : c'est le fondement d'une juste révolte. La révolte de Jésus.

Souvent, hélas, le mal s'abat sur l'homme, violemment, et le terrasse. Alors l'homme, comme Jésus, connaît l'épreuve du désespoir. Faut-il parler, comme dans le Notre Père, tel que nous le disons désormais, de « tentation » ? Ce mot m'étonne et me peine : comment Dieu serait-il tentateur ? Pourquoi ne pas avoir retenu le mot « épreuve » qui correspond autant au texte original ?

La plus grande épreuve que l'homme puisse connaître est celle du désespoir, de la résignation au mal…

« Mon Père, mon Père, pourquoi m'as-tu abandonné ? »

Ce cri de Jésus, verset d'un psaume ancien, est universel : il exprime ce que chacun d'entre nous, un jour, a pu connaître, en même temps qu'il dit la souffrance de l'homme, depuis le commencement de l'humanité.

Jésus a-t-il perdu l'espérance ?

Il est allé jusqu'au bout de notre misère et de notre fragilité, et la douleur alors était trop forte. Mais l'instant d'après, effaçant le cri de la tentation du désespoir, il dira : « Mon Père, je remets mon âme entre tes mains. »

C'est ainsi que, dans un mouvement de confiance filiale, le priant remet sa personne entre les mains de Dieu.

Le glaive

Il est si doux, vraiment, d'être l'enfant d'un Père qui est bon ! Grande est notre folie lorsque nous voulons nous dérober à ses appels et à ces liens de tendresse et d'amour.

On nous a dit le mal. On nous a dit l'astuce du serpent et la naïveté d'Ève. On nous a dit le malheur de l'homme exilé de l'Éden. Et, comme en un écho changeant tout, on nous montre Marie, une femme sans peur ni convoitise, qui survient au temps que Dieu choisit.

D'elle, on nous dit si peu. Par elle, si peu de mots sont prononcés, et pourtant l'on pourrait dire qu'avec Marie l'ordre du cosmos tout entier est changé. « Oui, voici la servante du Seigneur. » C'est pour elle que, dès l'apparente victoire de Satan, le Seigneur déclare : « Je mettrai l'hostilité entre toi et la femme, entre ta descendance et sa descendance. Celle-ci t'écrasera la tête et toi, tu la meurtriras au talon. »

Cette parole peut étonner : Satan aurait-il une descendance ? Qu'importe, car la vie nous apprend que là où il y a descendance, il y a tôt ou tard mort de l'ascendant !

Voici affirmé que le mal n'est pas quelque infini concurrent de Dieu.

Marie, fille d'Ève, sera en son temps reconnue et proclamée Mère de Dieu. L'espoir peut revivre.

Oui, renaît l'espérance, car Marie, « meurtrie au talon », participe à la souffrance de tous les descendants d'Ève, nous tous qui, à sa différence, sommes pécheurs.

Ne tremblons plus. Notre sœur est Mère de Dieu et mère de tous ceux qui sont unis à Dieu, anges et hommes.

Marie « Reine des Anges »... Leur multitude, depuis le *Quis ut Deus,* « Pour qui te prends-tu pour faire la leçon à Dieu ? », oppose au mal son bouclier d'amour. Jésus nous en donne réassurance quand il dit : « Veillez à ne pas mépriser un seul de ces enfants, car, je vous le dis, leurs anges dans les cieux voient sans cesse la face de mon Père qui est dans les cieux. »

Quand m'est revenue, récemment, la prière à l'ange gardien, j'ai retrouvé quelque chose de la candeur de l'enfant blotti dans la confiance. Est-ce parce que bientôt je sortirai des ombres du temps pour aborder le monde « hors du temps » de l'Éternel ?

D'authentiques et saints mystiques disent avoir eu la merveilleuse vision du brasier divin dans lequel le mal est consumé, changé en bien... Image sublime. Une de celles qui, dans l'Adoration, lorsque se lève le voile du temps, nous conduisent à l'éblouissement. Éblouissement de la pleine joie vécue par les anges et les hommes dans l'éternité des aimants.

Pendant les heures terribles qui s'écoulèrent entre le cri d'agonie de son Fils sur la croix et le moment triomphal des premières apparitions après la Résurrection, c'est dans le cœur de Marie que subsista, unique, l'espérance.

Lorsque je prie, pour résister à la tentation sournoise de la lassitude, du découragement, je lève les yeux vers Marie, qui jamais n'a failli ni défailli, et je reprends confiance.

Je me suis d'ailleurs rendu compte récemment que, par paresse et par habitude, nous utilisons de bien curieuses formules. Ainsi, nous répétons à la Vierge : « Priez pour nous, priez pour nous. » Mais que fait-elle d'autre que chanter la gloire de l'Éternel et, en même temps, nous aimer ? Une mère peut-elle ne pas aimer ses enfants ?

Reine de l'assemblée qui forme l'Église, vous êtes, Marie, reine de tous ceux qui veulent lutter pour aimer. En vous, l'espérance, avec la foi, a toujours survécu dans l'amour de votre Fils, dans l'amour de nous tous. Aux heures où le découragement survient, lorsque la tentation du désespoir nous accable, faites que nos regards se portent vers vous.

Lors de la présentation au temple de l'enfant de Marie, le vieillard Siméon dit : « Ton enfant est là pour la chute ou le relèvement de beaucoup en Israël, et pour être un signe contesté ; et toi-même, un glaive te transpercera l'âme. »

En bien des passages de la Bible on parle du « glaive » comme de la « parole ».

Le glaive de la parole, après trente années discrètes, Jésus en usera dès lors qu'il entrera dans le temps de sa vie publique. Et sa mère verra s'accumuler les haines des adversaires :

> Malheureux vous les riches : vous tenez votre consolation.

> Malheureux vous qui êtes repus maintenant : vous aurez faim.
> Malheureux vous qui riez maintenant : vous serez dans le deuil et vous pleurerez.
> Malheureux lorsque tous les hommes diront du bien de vous : c'est en effet de la même manière que leurs pères traitaient les faux prophètes.

Les coups sont sans ménagement. Et ne nous blessent-ils pas nous-mêmes lorsque nous entendons, au cœur des tendresses, des bontés qui nous ont attachés à Jésus, éclater comme des éclairs de foudre :

> Je ne suis pas venu apporter la paix sur la terre, mais le glaive. Car je suis venu opposer l'homme à son père, la fille à sa mère et la bru à sa belle-mère ; et les ennemis de l'homme seront ceux de sa maison. Qui aime son père ou sa mère plus que moi n'est pas digne de moi. Qui aime son fils ou sa fille plus que moi n'est pas digne de moi.

Ce « moi » voulant tout, comment ne paraîtrait-il pas prétention rebutante à ceux qui ne croient pas à la présence du Verbe en lui ou qui n'en auraient rien connu ? Mais pour le croyant comme pour celui qui ne croit pas, tout s'éclaire lorsque ce moi, Jésus, s'identifie aux faibles et aux souffrants :

> Alors, il dira à ceux qui sont à sa gauche : « Partez loin de moi, maudits… car j'ai eu faim, et vous ne m'avez pas donné à manger, j'ai eu soif, et vous ne m'avez pas donné à boire, j'étais un étranger, et vous ne m'avez pas recueilli, nu, et vous ne m'avez pas vêtu, infirme et en prison, et vous ne m'avez pas visité. » Ceux-ci alors lui répondront : « Mais, Seigneur, quand t'avons-nous vu

affamé ou assoiffé, étranger ou nu, infirme ou en prison, et ne t'avons-nous pas assisté ? » Et lui répondra : « Dans la mesure où vous ne l'avez pas fait à l'un de ces plus petits, à moi non plus vous ne l'avez pas fait. »

Oui, le glaive de l'Esprit du Christ frappe. Mais pour quiconque aura décidé d'user de ce glaive de la parole vraie, tout en étant conscient de tous les risques, il sera l'instrument du salut.

Par-delà les sacrifices, les paroles de Jésus sont un trésor plus riche et bouleversant de joie que la trace timide laissée par des lectures trop hâtives.

J'ai été longtemps l'un de ces lecteurs impatients. Ainsi c'est bien tard que des mots, dits et redits tant de fois depuis près de soixante ans que je suis prêtre, m'ont un jour ébloui… Jésus dit : « Ceci est le sang de l'Alliance, qui sera versé pour vous *et pour la multitude.* » Et dans la liturgie eucharistique, nous disons quotidiennement : « Souviens-toi aussi de nos frères endormis dans l'espérance de la résurrection, et de *tous* les hommes qui ont quitté cette vie. Reçois-les dans ta lumière auprès de toi. »

Merci

Approchant de la fin de ce livre, je supplie tous ceux qu'il pourra atteindre d'être attentifs à la plénitude du sens de chaque eucharistie.

L'eucharistie est la source de la rémission de chaque péché de chacun d'entre nous, de chacun des jours de notre vie. Il ne faut pas oublier que l'Esprit saint est présent même pour ceux qui n'ont pas connu la Révélation. L'eucharistie est la rémission du péché de l'humanité à travers tous les siècles, de ce péché dont nous sommes coupables chaque fois que nous ne savons pas aimer assez.

Elle est aussi source de notre humilité, de notre repentir, de notre douleur. De cette douleur féconde comme l'est la graine qui doit crever pour donner l'épi.

Avec l'eucharistie, nous recevons le Seigneur pour qu'il soit lien entre nous tous, afin que nous ne soyons qu'un, comme les trois Personnes distinctes de la Trinité unique. C'est notre participation au sacrifice qui fait l'unité.

Enfin, elle est le sacrement de la force. Comment avoir assez de pitié si nous n'avons pas cette piété fondamentale, celle de nous laisser prendre ?

Jésus, *notre rançon*, te refuserons-nous ? Pour n'appartenir qu'à nous-mêmes, nous nous sommes dérobés à l'Éternel… Te voici, toi Jésus, qui te révélas Fils de ce Père à qui nous nous étions volés, te voici te donnant à nous, voleurs malheureux, pour que, acceptant ce rachat – *notre rançon* qui est toi, follement aimant, te livrant à nous – nous nous retrouvions avec toi et réapprenions à aimer. Merci, Jésus, d'être venu délivrer les captifs que nous étions en te faisant toi captif de l'Amour.

L'âme « sans repos » a besoin d'une halte. La pause nécessaire, c'est l'eucharistie. J'en ai besoin. Pour moi, davantage encore que dans les évangiles, Jésus est là, comme le Verbe provenant de l'Amour du Père.

Chaque dimanche, les chrétiens chantent :

> Gloire à Dieu…
> Nous te louons, nous te bénissons, nous t'adorons,
> nous te glorifions, **nous te disons merci**
> **pour ton immense gloire**.

Comme l'enfant qui va vers sa mère dans un élan de tendresse, nous allons vers Dieu et nous lui disons : « Merci d'être toi ». *Eucharisto*, disent les Grecs. Merci, c'est le sens de l'eucharistie. L'eucharistie, qui inclut l'humanité entière, c'est le moyen de vérifier que la cordée est bien faite.

Eucharisto, nous te disons merci d'être, et d'être amour, ô toi qui ne peux avoir d'autre nom que « Je Suis ». Père, Parole et Vent en les trois personnes de ton Être un et unique.

Merci d'avoir marché avec nous, comme nous, minimes et trébuchants, et d'avoir parlé, Verbe incarné, afin que plus jamais nous ne soyons seuls.

Merci de nous avoir donné non seulement ton Fils, son Incarnation, mais notre liberté.

L'horreur résultant de la liberté égarée m'a un jour fait penser, en un sentiment violent : comme elle est merveille, la réalité de l'Amour, pour que Dieu n'hésite pas, en ayant dans un plateau de la balance « Pas de liberté et pas d'horreur » et dans l'autre « La liberté, donc la possibilité soit du mal, soit de l'Amour », à faire pencher la balance du côté du plateau où l'Amour est possible. Tu as osé y risquer ta gloire. Sans liberté, que serions-nous d'autre que quelques kilos sans nom d'une quelconque matière, perdus dans le cosmos, incapables de répondre par l'amour à l'Amour ?

Or, c'est peut-être ça, la foi : dans la connaissance de l'amour, dans tout acte d'amour, arrive un moment où il n'y a plus de raisonnement. Quand on aborde au mystère, arrive un moment où la certitude s'évade au-delà du rationnel.

Avant même d'avoir connu la révélation du mystère suprême, on sait qu'on passera par un autre chemin, qu'on trouvera une autre respiration.

La prière naît de l'impossibilité de dire Dieu au cœur de cette respiration autre.

*

Un ami qui me voit accepter encore trop de tâches, répondre à trop d'appels, me raille souvent : « Eh, n'oublie pas de respirer ! » Je souris et j'entends l'exhortation paradoxale : « Priez sans cesse ! » Impossible, dira-t-on, à moins que, dans l'Adoration, l'air que l'on respire soit cet air de l'au-delà du temps, à moins que prier, ça soit baigner dans la filialité, respirer l'air de l'Éternel.

Croire, espérer, pouvoir aimer, n'est-ce pas là notre respiration ! Merci, Seigneur, pour ton Souffle qui, en cette respiration, nous anime et nous porte tous vers toi.

Épilogue

Ce texte a quarante ans, exactement. Pas un mot n'en a été changé. En bien des heures il a soutenu ma faiblesse. Puisse-t-il être aide pour beaucoup.

Quand tu souffres
aime plus fort

Aime ceux
qui sont dans plus de larmes
que toi
dans plus de froid
dans plus de faim
et plus seuls en eux-mêmes
et quasi plus inexistants
plus absents
à eux-mêmes
Il n'est plus
pour toi
autre joie profonde
possible.

Aime-les assez
pour les faire être
toute la plénitude
de ce qu'ils peuvent
ils te feront mal
aime-les davantage

Si ta vocation
– pour un temps ?
pour toujours ?
que sais-tu encore de cela ? –
est véritablement
d'entrer dans cette folie
d'absolu
il n'y a pas d'autre façon
là
de se tenir droit
trébuchant
et droit partout
que cet amour
minuscule
en toutes les minuscules offrandes
de tous les minuscules instants

cet amour
des plus petits
des plus chétifs
des plus piteux
des plus sans grades

car
c'est alors
que le grade unique
paraît
l'absolu

qui se voile
mais paraît

sous le plus défait
sous le plus souillé
sous le plus raillé
sous le dernier
des visages
le visage d'un homme
image
de l'Éternel Invisible Visage

Laisse gémir
et grogner
et se plaindre
son être

Jamais
au-dedans
ne ruse
jamais
au-dedans
ne te mens
jouant à murmurer
que le mal n'est pas mal
que le mal est bien
ou qu'il est neutre !

Tout le désordre
tout ce qui fraude
est fraude
est laideur
gâchant la Beauté

Oui, Seigneur,
je suis lâche
et fragile
et tremblant

Ah ! être enfin
hors du cercle du temps
où se mêle
tant de faute
au moindre bien

Mais, Seigneur,
ce n'est pas
parce que je suis faible
et misérable
et tant avide
par nécessité
de pardon

ce n'est pas
parce qu'il me faut tant
Ton pardon
que je dirai : je fuis
et j'abandonne

j'abandonne
ceux qui pleurent
et qui sont seuls en leur peine

Ce serait stupide
ajouter la stupidité à la faiblesse
et méchant

Seigneur
puisque je suis si lâche

ah ! c'est clair
il faut que j'aime
cent et mille fois davantage

et que je serve
et que je rie
et qu'à chacun je sourie
jusque quand il faut
par amour gronder
et que je cache mes larmes
et la confusion de mon remords
et le brisement de tant de confusion
au plus profond de moi

Seule la bonté
la virile et loyale bonté
la pratique et réelle bonté
qui fait que je veux
me priver
pour que moins d'autres
soient privés
lave et
comme la neige
fait revenir
immaculée la blancheur
Seigneur, prends nos vies

Elles sont tiennes

Prends-les par les mains
qui nous griffent
et nous brûlent
des obscurs visages
auxquels nous nous vouons

Prends nos vies
et que d'elles
jointes à Toi
dans Tes pauvres
tu fasses
jaillir la clameur
et se briser
les faux remparts
dont
comme est murée une tombe
ont cru se protéger
tant d'insensés repus

Dévore mon péché de sept fois le jour
dans les feux
de Tes mains
dans les mains dévorantes
de Tes pauvres
qui m'étreignent

de Tes riches
qui soudain
tremblent
et s'éveillent
et supplient
et s'agrippent.

Seigneur, prends nos vies
et qu'elles flambent
soudain illuminant le noir
faisant ruisseler la lumière
consumant le mal
brisant l'orgueil
des sans pitié
et l'avarice

séchant les larmes
mais d'abord
les transperçant
les bouleversant
des mille couleurs de l'arc-en-ciel

Seigneur prends nos vies
et
qu'enfin accordées
elles chantent à l'Infini

sous la joie
frémissante
de Ton éternelle
main
de Ta main
débordante
de Ta main
dévorante
de Ton inépuisable
de Ton inlassable
main
de Ta vie
la seule vie
la seule vie possible

puisque la seule
sans mal
et sans fin

puisque la Seule
où totalement
Tu es là

et impossible
à perdre

mon Amour
Unique
et enfin Assez

Mon Amour
de Toute Vie

Table des matières

Composé par Nord Compo Multimédia
7, rue de Fives, 59650 Villeneuve-d'Ascq

Achevé d'imprimer en Italie en avril 2012
par Grafica Veneta SpA
Dépôt légal : mai 2012